百年文化润育
新"四有"技能人才
遂宁市职业技术学校文化范例

罗文林　徐　华◎主编

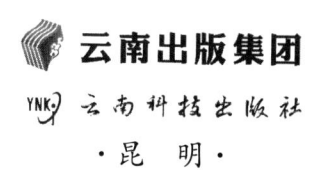

云南出版集团

云南科技出版社

·昆明·

图书在版编目（CIP）数据

百年文化润育新"四有"技能人才 / 罗文林，徐华主编. -- 昆明：云南科技出版社，2021.7
ISBN 978-7-5587-3568-4

Ⅰ．①百… Ⅱ．①罗… ②徐… Ⅲ．①中等专业学校－思想政治教育－研究－中国 Ⅳ．①G711

中国版本图书馆 CIP 数据核字(2021)第 130908 号

百年文化润育新"四有"技能人才
BAINIAN WENHUA RUNYU XIN "SIYOU" JINENG RENCAI
罗文林　徐　华　主编

责任编辑：	洪丽春
	曾　芫
助理编辑：	张　朝
封面设计：	品诚文化
责任校对：	张舒园
责任印制：	蒋丽芬

书　　号：	ISBN 978-7-5587-3568-4
印　　刷：	四川科德彩色数码科技有限公司
开　　本：	787mm × 1092mm　1/16
印　　张：	12.75
字　　数：	290 千字
版　　次：	2021 年 7 月第 1 版
印　　次：	2021 年 7 月第 1 次印刷
定　　价：	42.00 元

出版发行：云南出版集团公司　云南科技出版社
地　　址：昆明市环城西路 609 号
网　　址：http://www.ynkjph.com/
电　　话：0871-64190889

版权所有　侵权必究

编委会

主　　编：罗文林　徐　华
副 主 编：王运辉　曹　武
撰稿人员：宋贵源　杨　琴　李　涛
　　　　　廖江艳　陈家园　廖唐兰

目录

第一章　学校精神文化系统 …………………………（ 1 ）
　　第一节　学校办学宗旨的发展 ………………………（ 2 ）
　　第二节　学校核心价值理念 …………………………（ 4 ）

第二章　学校制度文化系统 …………………………（ 9 ）
　　第一节　指导思想 ……………………………………（ 9 ）
　　第二节　学校制度总体情况 …………………………（ 10 ）
　　第三节　典型制度案例 ………………………………（ 15 ）

第三章　学校行为文化系统 …………………………（ 17 ）
　　第一节　学生行为文化 ………………………………（ 17 ）
　　第二节　教师行为文化 ………………………………（ 24 ）
　　第三节　学校领导行为文化 …………………………（ 30 ）

第四章　学校课程文化系统 …………………………（ 38 ）
　　第一节　学校课程文化内涵 …………………………（ 38 ）
　　第二节　学校课程改革的实施 ………………………（ 55 ）
　　第三节　学校课程文化的探索与创新 ………………（ 63 ）

第五章　学校环境文化系统 …………………………（ 85 ）

第六章　学校文化育人的成效及影响 ………………（101）
　　第一节　成　效 ………………………………………（101）
　　第二节　影　响 ………………………………………（141）

参考文献 ………………………………………………（168）

附录1 《遂宁市职业技术学校规章制度管理办法（试行）》 ………………………………………………………… (170)

附录2 《关于学生学业评价模式改革的实施方案》（修订稿） ………………………………………………………… (179)

附录3 《遂宁市职业技术学校学校健康教育制度》 ……… (184)

附录4 《遂宁市职业技术学校职级班主任管理制度》 …… (189)

附录5 《遂宁市职业技术学校关于班主任职级评定结果的通报》 ………………………………………………………… (193)

附录6 《遂宁市职业技术学校关于2019年班主任职级评定结果的公示》 …………………………………………… (194)

第一章 学校精神文化系统

百年风雨,百年沧桑,遂宁市职业技术学校(以下简称"我校")虽饱经风霜,但依然保持初心,为革命的成功、国家的富强培养着无数德才兼备的人才。一代又一代市职校人前仆后继,在各个历史时期都秉承着学校的办学理念,与学生一同传承着改革、创新、勤勉、奉献的精神。本章将对我校办学理念等精神文化内涵进行阐述。

图1—1 校史展厅

第一节 学校办学宗旨的发展

四川省立第三师范学校（遂宁市职业技术学校前身，以下简称"省三师"）成立之初，以蔡元培提出的教育宗旨为办学宗旨，力图改革封建教育，将教育部公布的教育宗旨"注重道德教育，以实利教育、军国民教育辅之，更以美感教育完成其道德"作为学校的教育宗旨。其后，"非多设师范学校，则是国民教育始终无可冀"，四川除了在成都设立"以造就中学校、师范学校师资为目的"的高等师范学校外，还针对省内中等教育和师范教育薄弱的状况，在成都、越西（后改在重庆）、遂宁、万县设省立师范学校，并将"造就小学教员""注重道德教育，以实利教育、军国民教育辅之，更以美感教育完成其道德"作为教育宗旨、立校之本。

在民国时期，省三师推行"忠孝仁爱信义和平"的德行教育，要求学生"明礼义，知廉耻，尽忠孝，讲信义，重仁爱，尚和平"，认为只有这样，才能"坚定志向，奋力学业"，特别拟订了"以管、教、养、卫合一为内容"的实施计划，积极开展扫盲运动。

中华人民共和国成立后，我校完全按照党和人民政府制定的教育方针和政策实行国家办学，遵循中央"废除封建的、买办的、法西斯主义教育"的精神，为工农开门，为工农服务，为生产建设服务，明确规定了师范学校的方针和任务："师范学校应根据新民主主义的文化政策，培养具有：为人民服务的革命思想；适合实际需要的科学文化水平；教育专业精神和熟练的教学技能；优良品质与民主作风；劳动观点和群众观点；健强体格的小学教师。""德、智、体、美全面发展"成为我校实施至今的教育宗旨。

1978年12月，中国共产党十一届三中全会作出《中共中央关于教育体制改革的决定》，强调邓小平同志提出的教育要"面向现代化、面向世界、面向未来"（简称"三个面向"）。"三个面向"是根据新时期的总路线、总任务、教育战线而提出的战略方针和教育发展方向。我校将"三个面向"作为新时期的办学方向。据此，我校于1987年4月制定了切合学校实际、适应本地区小学教育发展需要的《中等师范学校培养目标（初稿）》。其主要内容是：培养热爱教育事业，具有为祖国社会主义现代化建设而奋斗的远大理想、社会主义道德品质、良好师德、求实创新精神、从事小学教育工作必备的知识和技能、一定的艺术修养、健康的体魄的全面发展的小学教师。

进入学校融合发展新时期，我校秉承传统，提出"坚持教育必须为社会主义现代化建设服务，为人民服务，把立德、树人作为教育的根本任务，全面实施素质教育，培养德、智、体、美全面发展的社会主义事业的建设者和接班人，努力办好人民满意的教育"的新方针。学校的办学宗旨与理念在经过百年积淀与传承后，也被赋予了新的意义，形成了有市职校特色的新内涵，即：

核心理念：百年一校　文化化人　有教无类　幸福卓越
校　　训：厚德　博学　精技　创新
校　　风：文明　守纪　务实　奉献
学校精神：包容　和谐　勤勉　奉献
学　　风：励志　乐学　文明　守纪
教　　风：乐教　爱生　勤学　自律
遂师精神：务实　奉献　团结　竞争
管理理念：规范　精细　人本　卓越
培养目标：让学生拥有生存智慧和生存能力
德育目标：诚信　礼仪　感恩　责任
形象定位：开放并富有责任办学思路：做强职教　巩固成教　开放办学　绿色发展

图1-2　教风

图1-3　学风

第二节　学校核心价值理念

一、核心理念

图1-4　正华楼

（一）百年一校

我校的前身是四川省立第三师范学校，创立于1914年，演绎百年沧桑。兴学百年，育人万千，个性鲜明，特色彰显。那时的省三师具有光荣的革命传统。早在建校之初，革命先烈、曾任同盟会京津支部文牍部长、《国民日报》总编辑、朱德同志的挚友孙炳文便到校任教国文。他介绍西方文学流派，宣传民主革命思想，成为遂宁民主进步思想的启蒙者。当时的省三师学子苟鸣珂是中共遂宁地下党的第一位共产党员，与其兄苟祥珂点燃了遂宁革命运动的星星之火。这些革命先驱的不朽业绩和革命风范，为后世学子树立起了爱国求真的榜样。

在新的历史时期，为贯彻党的教育方针、坚持社会主义办学方向的根本要求，我校基于百年红色文化和百年一校的文化传承，旗帜鲜明地回答"为谁办教育、为谁培养人"。从早年的师范学校，到如今的职业教育，百年文化，传承经典文明，生生不息，代代相传，取得了丰硕的成果。总结、提炼百年文化，是每一个遂宁市职校人的责任；弘扬、传承百年文化，让每一个遂宁市职校人无比自豪；续写学校下一个百年的辉煌，是每一个遂宁市职校人的光荣使命。

（二）文化化人

省三师作为当时全省四所师范学校之一，它的教育教学和学校管理制度，开启了川北地区师范教育的新篇章，奠定了学校体制的雏形。无数革命志士与共产党人为之奋斗，几代人不畏磨难、励精图治、兴利除弊，方使学校发展壮大至今。从创立省三师的校长洪明江、李家钰等运筹帷幄，到设计遂宁师校建设的宏伟蓝图，再经过后任的校长及老师们的兢兢业业、呕心沥血，这所百年名校的百年经典传承不息，更加光辉璀璨。

文化是一种历史传承，一个时代有这个时代的文化与精神烙印。学校的发展史，就是一部文化的传承史。百年间，分分合合，都是学校的文化记忆；百年间，南迁北移，都留下学校发展的足迹。到如今新的历史发展时期，学校更是秉承兼收并蓄的包容精神，海纳百川，一方面继续传承历史文化，另一方面积极适应国家新的政策与要求，以市职校特有的文化内涵，教育、影响着新一代的市职校人。

（三）有教无类

为孔子在《卫灵公》中所提，是其"仁爱"伦理思想的一种具体体现，说的是不论贫富，不论智愚，面向人人，人人成才。这一思想从我校建立之初改革封建教育体制开始，就一直是学校的教育理念之一，并传承至今。

孔子的"有教无类"思想与现代教育伦理理念的有机结合，为我国教育发展提供了极具可能的借鉴意义。我校也一直汲取"有教无类"思想中合理的方法论原则，为地方的教育事业发展提供助力。现在，我校的教育生源不断扩大，职业教育群体走向社会化，专一师范教育向现代职业教育过渡，老少边穷及民族地区实行教育帮扶，都无一不是新时代"有教无类"教育思想的具体体现。

（四）幸福卓越

即大气深厚，自信沉浸，平等包容，充满温暖，追求卓越，成就师生，良好发展，拥有尊严，心灵栖所，幸福人生。我校拥有深厚的底蕴和内涵，引领师生共同努力，协同发展，心有栖所。百年来，我校秉承着"学高为师,身正为范"的教育理念,教师在言传身教中去感受学子的成长和进步,对学校怀着感恩之心,面带笑容,饱含真情,鼓舞学生进步。学子亦努力拼搏。这就是一种心灵浸润、人性化育,体现出的教育简单而幸福。

二、校　训

从"学高为师,身正为范"到"厚德、博学、精技、创新",我校的校训也在学校的变革和党的领导下不断改进。这既是文化的传承,也是新时代学校文化理念的具体体现。

(一) 厚　德

"天行健,君子以自强不息;地势坤,君子以厚德载物。"历经百年,师生共育,要求市职校人既要像天那样高大刚毅而自强不息,亦要像地那样厚重广阔而厚德载物,既包含了"包容、和谐、勤勉、奉献"的学校精神,又涵盖了"诚信、礼仪、感恩、责任"的德育目标。

(二) 博　学

"博",大通也。(《说文》)即宽广、广博。我校发展至今,在专业、学科等方面都具有"博"的特点,各项专业引领发展,在学术思想、学术风格、学术观点上兼容并包、百花争艳;教师学识渊博、造诣精深;学生有厚实的功底、全面的综合素质。

(三) 精　技

技术是立业之本。俗语云:"一技成,天下行。"一个人有了技术,便可以立身、立业。我校最重视的就是学生的专业文化素质,教师的技术必须过硬,进一步培养学生自主、创新、融合、共享的学习态度。从师范技能的专精到各专业精湛的职业技艺,市职校人在为国家富强、民族复兴培养专业人才方面稳步前行。

(四) 创　新

这是一个民族进步的灵魂,是一个国家兴旺发达的不竭动力,是共产党永葆生机的源泉。我校一直以创新为自己的发展动力,兼收并蓄,不断发展。教学手段创新,培养出适应新时代社会发展与国家需要的技能人才;德育管理创新,培养出思想健康、品行端正的时代新人;活动、生活的创新,培养出身体健康、爱好广泛、有文艺修养的职校学子;学校管理创新,孕育出德才兼备、兢兢业业、以办人民满意教育为己任的职校教师。

图 1-5 校 训

三、校 风

（一）文 明

每一所学校都是传承文明精神和文明行为的天然阵地，我校在各个阶段都在潜移默化地影响和教育着莘莘学子"讲诚信、懂礼仪、知感恩、明责任"。作为"省级文明校园"，我校努力提高师生公民道德、职业道德、文明修养和民主法治观念，使校园文化内容健康、格调高雅、丰富多彩，提高校园文明程度，使校园秩序良好、环境优美，育人环境不断改善，校园文明已蔚然成风。

（二）守 纪

俗话说："千里之堤，溃于蚁穴。"没有规矩，不成方圆。市职校在百年发展中见证了太多的兴衰更迭，所以从不忽视任何小问题、小细节。上至学校管理，下至日常生活，学校都坚持党的路线、方针、政策，严格执行各项管理制度，遵守宪法和法律法规，始终要求学生在家做一个好孩子，在校做一名好学生，在社会做一个文明的公民。

（三）务 实

王守仁的《传习录》说："名与实对，务实之心重一分，则务名之心轻一分。"这些思想，就是中国文化注重现实、崇尚实干精神的体现。市职校人也排斥虚妄，拒绝空想，鄙视华而不实，追求充实而有活力的人生，始终要求师生脚踏实地、勤学苦练，致使师生一步一个脚印，步步为营，力求成功。

（四）奉 献

从早年省三师人为了新中国的建立抛头颅洒热血，到遂师人为了新中国的现代化建设废寝忘食，直至如今市职校人为了党和国家新的一百年发展规划励精图治，奉献是永恒的旋律，也是发展的基石。这所学校走过百年历史，离不开创立者的无私奉献，离不开所有经历者的无私奉献，更离不开所有任教者的无私奉献。百年的积淀，百年的奉献，终成这一所百年学府的璀璨光辉。

四、学校精神

（一）包　容

《汉书·五行志下》有云："上不宽大包容臣下，则不能居圣位。"相互包容，求同存异，兼收并蓄，共谋发展。包容是一种风度，更是一种雅量，每一个市职校人都有着一颗包容的心，懂得宽容，更利于发展。

（二）和　谐

以人为本，以和为贵，关心关爱，构建和谐。和谐学校是一个符合人性规律与教育规律构筑的生态系统，这一系统应当具有科学、民主、人文、开放四大特征。科学是学校和谐之基石，一切教育教学均遵循身心发展的规律实施，使校园生活有张有弛、丰富多彩、生动活泼。民主是学校和谐之根本，平等的、相互尊重的师生关系、生生关系，将会促进学校的健康发展。人文是学校和谐之灵魂，加强人文关怀、心灵沟通，是人与人之间精神良性互动的基础。开放是学校和谐之源泉，现代教育必须打破单一的课程观、禁锢的教材观、机械的学习观，实现课内与课外、校内与校外、学校与家庭、社区的有机结合与多维互动。在这一过程中，师生的创造愿望得到尊重，创造活力得到激发，创造活动得到支持，创造才能得到发挥，创造成果得到肯定。这也是我校构建和谐校园以人为本的基本理念。

（三）勤　勉

勤奋进取，有所作为，目标明确，追求卓越。正所谓业精于勤荒于嬉，不管是对教师还是学子，学校始终以"打铁还需自身硬"为基本目的，要求师生进行自身基本建设。每一位市职校人都要兢兢业业，恪尽职守，做好自己的本职工作。

（四）奉　献

与教风之奉献同义。

第二章 学校制度文化系统

第一节 指导思想

一、学校制度

学校制度是指能够适应向知识社会转轨及知识社会形成以后的社会发展需要,以完善的学校法人制度和新型的政校关系为基础,以教育观为指导,学校依法民主、自主管理,能够促进学生、教职工、学校、学校所在社区的协调和可持续发展的一套完整的制度体系。

从广义上讲,学校制度包括教育制度、教育法律、教师道德、文化、语言等;从狭义上讲,包括校规、公约、守则、纪律等。它涉及的内容非常广泛,其中既有明确规定的准则条文,也有自发形成、无明文规定的行为模式。学校规范作为联结学校和个人行为的媒介因素之一,折射着学校对个人的一切影响,直接引导和限制着个人的态度和行为。

二、学校制度文化

学校制度文化是指党和政府的有关方针、政策、法规、条例以及社会主义道德观念、行为规范等在学校日常工作学习和生活中具体体现出来的学校管理的独特风格,是学校全体成员共同认可并自觉遵守的行为准则;主要指学校中特有的规章制度、管理条例、学生手册、领导体制、检查评比标准,以及各种社团和文化组织机构及其职能范围等。它是一所学校正常教育、教学工作得以顺利进行的条件和保证。其意义不仅仅是约束人的行为,而是通过学校成员对这些规章制度、行为标准、管理体系的认可和遵循,来形成他们基本一致的观念意识和行为规范。作为学校文化对人产生影响效应的一种形式,这些制度本身就是一种很好的教育内容,让人们在遵守规则的同时，提高认识，养成良好的行为习惯，自然而然地获得一种心灵的熏陶和情感的升华，从而提高学习、工作的热情和积极性。

三、学校制度与制度文化的形成及意义

我们在建设学校制度文化时，必须以《中华人民共和国教育法》《中华人民共和国职业教育法》《国家职业教育改革实施方案》为指导，明确办学思想和办学宗旨，着眼于可持续发展的办学方略，依法制定学校章程以及教育教学、财务、教师、学生、后勤、安全等各项管理制度、管理体制；依法实施办学活动，全面贯彻国家教育方针，实施素质教育，保障教育教学管理秩序和教职工相关的福利待遇；建立和实行校内学生申诉制度，依法维护学生的受教育权，尊重学生人格及其他人身权利和财产权利等。

制度是文化的载体。学校通过制定适宜的规章制度去约束人、规范人的行为，使学校秩序井然，学生行为规范统一，养成良好的习惯。同时，兼用柔性的文化管理，以正确的舆论引导人，以高尚的精神塑造人，以渊博的知识培养人，以高雅的气质影响人，形成具有深厚学校内涵的制度建设，体现出独具特色的校园文化和氛围。

我校通过研究学校的制度文化，以制度为底线，使刚性的规章制度与浓郁的人文氛围有机结合，使制度闪耀着人文的光辉，实现高水平的管理和管理水平的最高境界。

第二节　学校制度总体情况

一、学校制度文化概述

学校的制度文化是一所学校正常教育、教学工作得以顺利进行的条件和保证，是学校在管理中所体现出的独特风格和个性特征。我校立足学校实际，成立章程修订小组，根据《中等职业学校管理规程》和《中等职业学校设置标准》，依法对学校章程进行修订，并出台《学校规章制度编制管理办法》，对现有制度体系进行梳理修订，以章程规划、岗位职责、规

章制度为三个大类，形成覆盖学校党建（32个）、工会（2个）、内控管理（13个）、教学管理（12个）、德育管理（38个）、后勤管理（4个）、安全管理（19个）、健康管理（9个）等八个方面，共129个制度的"三类八层"制度体系，制度规范贯穿于学校整体工作，形成"党建引领下的依法治校"的制度文化，通过完善制度体系，进一步规范学校的办学行为。

我校秉承百年学府的百川文化，积百年历史之底蕴，坚持以立德树人为根本任务，以服务现代化建设、服务经济社会发展为宗旨，深化产教融合、校企合作、工学结合，坚定走质量兴校、人才强校、特色立校之路，努力把学校建设成为特色鲜明、效益良好、在市内外有引领示范作用、在省内外有影响力的现代学校。

二、学校制度运行

（一）推进依法治校，建设现代学校制度

依法治校是学校落实依法治国基本方略的必然要求。实现依法治国、建设社会主义法治国家的目标，要求各个行业、领域都要实现依法治理。我校作为具有公共管理职能的社会组织，按照法律至上、保障权利、制约权力的原则，切实转变办学和管理的理念、思路、方式与手段，完善学校内部治理结构，提高管理水平与效益，办人民满意的教育，形成"党建引领下的依法治校"现代制度文化体系，积极推进依法治校，为建设现代学校制度、构建新型政校关系做好了保障，使学校真正成为办学主体，实现依法自主发展和自我监督。

（二）提高制度建设质量，形成以章程为核心、党建引领下的"三类八层"现代制度体系

1. 修订章程，按章行事

依据章程自主管理是学校的法定权利，是依法治校的直接依据。2020年，学校以促进改革、增强学校自主权为导向，按照有利于调动教职工的积极性和创造性、激发学校的办学活力和竞争力、规范治理结构和权力运行规则的原则，完成了对《遂宁市职业技术学校章程》（以下简称《章程》）的修订。经广泛征求意见和校委会多次讨论，将原有的72条章程，调整为49条，将原有的不再适应现代职业学校发展的相关条例废除，并新增现代职业学校发展过程中必不可少的内容。这充分反映了广大教职员

工、学生的意愿，凝练了共同的理念与价值认同，体现了我校的办学特色和发展目标，着力解决了我校在办学、管理中的重大问题，是我校依法治办学、自主管理、履行公共职责的基本规则，切实做到了有章可依。

2. 党建引领，科学分类，形成"三类八层"现代制度体系

我校根据相关法律和章程的原则和要求，重新对本校各项制度进行整理，形成《遂宁市职业学校制度汇编》（以下简称《汇编》）。《汇编》分为章程规划、岗位职责、规章制度三个大类，形成覆盖学校党建、工会、内控管理、教学管理、德育管理、后勤管理、安全管理、健康管理等八个方面的"三类八层"制度体系，制度规范贯穿于学校整体工作，形成"党建引领下的依法治校"的制度文化，通过完善制度体系，进一步规范学校的办学行为。

3. "1+3"规范发文，审制度严格出台

我校成立规章制度管理委员会，成员为学校领导。委员会下设规章制度管理办公室，由各科处室负责人及专业部主任组成。办公室地点设在党政办公室。在"三类八层"制度体系的指导下，提出"1+3"的规章制度编制流程，保证了规章制度出台的顺序性、科学性与严谨性。学校管理更加规范，规章制度更加完善，确保了我校各项规章制度符合国家有关法律法规，更好地宣传和推广了新的规章制度。

通过这一系列措施，我校形成了特有的"党建引领下的依法治校"制度文化，从上至下规范了学校办学、章程修订、制度分类和出台，使学校管理更规范。现代社会是动态的。在内部与外部环境的不断变化中，学校还需加强学习，注重研究，积极创新，适时调整学校制度文化内容、方式等，与时俱进。

（三）建立健全科学民主决策机制，完善学校治理结构

中国共产党遂宁市职业技术学校委员会是党在学校的基层组织，是学校开展工作的政治核心，确保了学校办学的正确方向。学校党委下设支部，全面负责党员的思想建设、组织建设、作风建设与廉政建设，检查与监督党的路线、方针、政策、决议及学校重大决策的执行情况。

学校实行校长负责制。校长是学校的法定代表人。学校的重大决策必须进学校党委会议、校长办公会议、行政会议、教职工代表大会讨论。

科学设置内部职能机构，完善治理结构。我校根据办学特点和实际需求，按照精简、高效的原则，设置了切实可行的管理机构（如下图）。

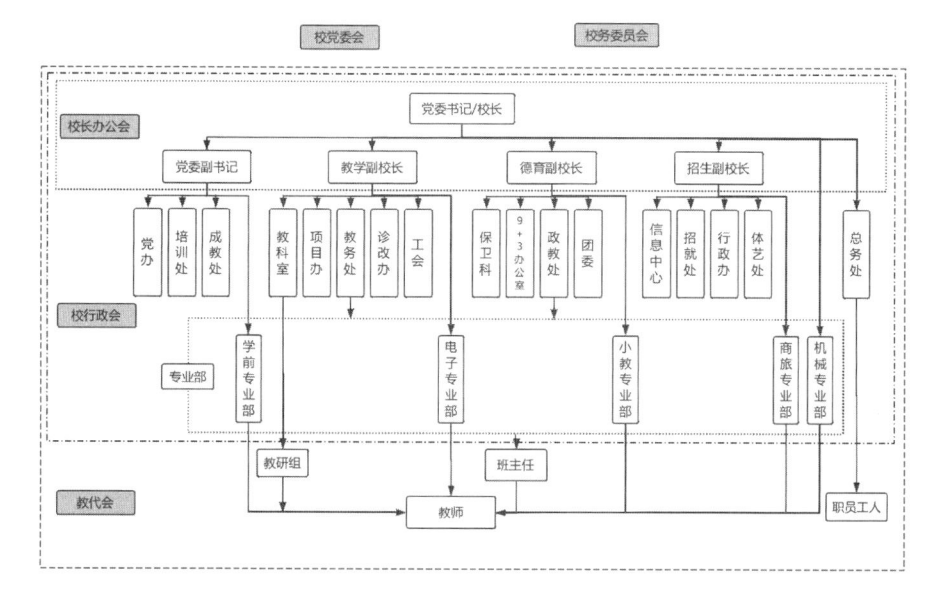

图 2−1 遂宁市职业技术学校组织机构图

(四) 推进信息公开，健全民主监督

我校出台《学校校务公开实施办法》，严守校务公开的纪律，按校务公开的程序，通过召开教职工会议公布，或行政办公会议通报、对内对外公示的方式，对学校的发展规划、年度工作计划和整体改革方案，内部管理的各项制度、规定，财务收支，包括上级拨款、捐资、办公费用支出、福利性支出、公共事业费支出和招待支出等情况，收费项目的收费依据和收费标准，学校基建、教学设备添置的计划及实施方案，评优树模、职称评定、工资晋级、资金分配等有关政策和操作程序及成果，领导班子及成员任期目标、年度述职，各类工作人员岗位职责的实施及各种规章制度的落实情况，领导班子及成员党风廉政制度落实情况及其他管理部门要求公开的事项进行公布、通报或公示，确保全体师生能及时地、广泛地了解学校动态和运行状况，积极参与学校各项事务的推进。此外，我校还出台了《学校党风廉政建设制度》《党务公开制度》《党组织监督制度》《工会工作规程》《学校教代会工作规程》等制度，对学校各方面工作进行依法监督。

(五) 依法办学，形成平等、自由、公平、公正的育人环境

1. 依法组织和实施办学活动

我校坚持以育人为本，全面贯彻国家教育方针，依法全面执行国家课

程方案和课程标准，注重教育教学的效果，形成了良好的校风、教风和学风。严格依法招生，坚持公正、公平；建立自我监督机制，保证招生活动规范、透明。

2. 建设平等安全的校园环境

我校是一所多民族学校，在享受各民族绚烂文化的同时，也要给学生提供和谐、安全的校园环境。我校认真落实《关于省教厅中职学生"三禁两不"纪律规定的执行意见》，严格管理学生的日常行为。此外，我校还大力弘扬平等意识，在体制和制度上落实和体现师生平等、男女平等、各民族平等、管理者和师生平等的理念，做到面向每个学生、平等对待每个学生。并且，学校在教学和生活区域设置了无障碍通道，为残障学生的学习和生活提供了便利。

3. 完善教师考核制度，形成公平的竞争环境

我校制定了《教师年度考核实施办法》《外聘教师管理实施细则》《专业带头人选拔及管理试行办法》《学科带头人选拔及管理办法》《绩效工资分配方案》《晋升专业技术职务评价办法》《岗位晋级综合评分办法》等制度，从各个方面明确考核标准，保证教师各项考核的公平性和公正性。

（六）规范管理能力，尊重师生主体地位

我校出台了《关于撤销学生处分的规定》等26个德育管理制度，从考核评比到违纪处分，从个人卫生到文明礼仪，全面、综合地落实学生的各项管理，切实体现了学生的主体地位。

为深入贯彻《教育部人力资源社会保障部财政部关于实施国家中等职业教育改革发展示范学校建设计划的意见》精神，建立以能力为核心的学生评价模式，构建学校、行业、企业、研究机构和其他社会组织等多方共同参与的评价机制，结合省级示范校建设任务要求，我校出台了《关于学生学业评价模式改革的实施方案（修订稿）》，以"三元四维二结合"的学生学业评价模式科学评价学生的综合表现，保证了评价的全面性和科学性。

我校依据《教师法》和其他相关法律、规定，建立和完善了教师聘任制度，签订具有可执行性的聘任合同，明确了学校与教师的权利和义务，并认真履行合同；出台了《教师年度考核实施办法》《外聘教师管理实施细则》《晋升专业技术职务评价办法》《岗位晋级综合评分办法》《绩效工资分配方案》等制度，实现了依法聘任教师，依法保障教师享有各项法定权利。

（七）深入开展法制宣传教育，形成浓厚法制文化氛围

1. 加强学校就管理者和教师依法治校意识与能力的培养

学校利用教职工大会、德育大课堂和继续教育等方式，对全校师生进行法治宣传教育，自觉养成依法办事的习惯，提高师生对法治理念和法律意识的理解与掌握程度。

2. 切实加强和改善学生法制教育

认真落实教育系统普法规划的要求，开展好法律进课堂活动，将培养学生的法治意识、法律素养作为素质教育的重要内容。学生通过课堂教学、法制讲座和德育大课堂等多种方式了解法律知识，培养法律观念。

绿色生态的制度文化往往会衍生出优秀的教师队伍。所以，学校要集中精力做好制度的优质生成和公正、规范、高效地执行两项工作。同时，在执行中注意把制度的刚性约束和人文关怀有机结合，刚柔并济，既用健全完善的规章制度约束人、规范人的行为，又以人为中心，对人充满着尊重、信任、关怀、理解，使学校成员形成自主性，形成民主、和谐、团结的氛围，并能够在民主、自由、尊重个性的环境中健康成长。

第三节　典型制度案例

一、文件出台"1＋3"制度

为规范管理，完善学校规章制度，提升执行力，确保学校各项规章制度符合国家有关法律法规，符合行业主管部门的相关要求，建立标准规范的规章制度体系，我校成立了规章制度管理委员会，成员为学校领导。委员会下设规章制度管理办公室，由各科处室负责人及专业部主任组成。办公室地点设在党政办公室。在"三类八层"制度体系的指导下，提出"1＋3"的规章制度编制流程，保证了规章制度出台的顺序性、科学性与严谨性。学校管理更加规范，规章制度更加完善，确保了我校各项规章制度符合国家有关法律法规，也更好地宣传和推广了新的规章制度。

本办法所称规章制度，指我校依据职责和权限，按照规定程序制定的各类规范党政思想教育、教师教育教学管理行为等具有长期约束力的规范性文件。（详见附录1—附录3）

二、班主任职级制

中等职业教育作为我国教育事业的重要组成部分，担负着为生产一线培养专业技能型人才的重任。班主任工作是中等职业学校日常管理工作的重要组成部分，是德育工作的最中坚力量。班主任团队的强大与否直接影响着中职学生的学习质量和未来工作的幸福指数。

为更好地推进学校德育管理，全面提升教育质量，切实加强学校班主任队伍专业化建设，鼓励广大教师积极从事班主任工作，激发班主任教书育人的积极性，我校决定实行班主任职级管理（详见附录4—附录6）。

第三章　学校行为文化系统

学校立足百年学府之历史沉淀，将行为文化建设作为校园文化建设的重要内容。我们将学校行为文化建设定义为我校师生在教育实践活动过程中产生的活动文化，是学校管理、学校风气的动态体现，是学校办学理念和学校精神的动态折射。

第一节　学生行为文化

中等职业学校校园行为文化在塑造中职学生人格中起着重要的作用，而学生行为文化建设是校园行为文化建设的落脚点，在校园行为文化的建设中居于核心地位。因此，加强学生行为文化建设，是推动中职学校长远发展的关键。

一、学生行为文化内涵

学生行为文化是学校文化在学生层面的具体呈现，是在学生行为习惯、生活方式、群体活动中表现出来的学风、校风、学校精神等。

我校学生行为的主体内容主要包括以下四类：

一是以专注学习、精习技能、广泛参与、提升素养为特征的学习文化；

二是以学生良好的个人形象、整洁的教室面貌等外在表现为特征的形象文化；

三是以开学典礼、升旗仪式为基本形式和尊敬师长、文明礼仪、团结友爱为基本内涵的礼仪文化；

四是以文娱体育活动、社会实践活动、主题教育活动为载体的活动文化和以社团活动为主体的社团文化。

二、学校学生行为文化的内容与实施

近年来,我校学生行为文化建设在德育大课堂的促进下,在红色精神的引领下,取得了如下成效:

(一)大力弘扬工匠精神,营造励志、乐学的学习文化

党的十九大报告强调,要"建设知识型、技能型、创新型劳动者大军,弘扬劳模精神和工匠精神,营造劳动者光荣的社会风尚和精益求精的敬业风气"。我校作为中职院校,一直将培育当代高质量"中职人"为首任,大力弘扬工匠精神并将其全方位渗透于办学理念,让学生能够真正乐学、爱学,养成勤奋刻苦、专注自律的学习习惯,富有推陈出新、打破常规的探索精神,锻造敢于挑战、勇于担当的坚强意志,在学生之间营造出专注学习、精习技能、广泛参与、提升素养的学习文化。

我校主要从"抓学风""造氛围""树榜样""强技能"四个方面推动学生学习行为文化建设。

1. 抓学风

中职生的首要任务是学习,而良好的校园学习风气是学生学习的重要保证。我校在创建积极向上的学习生活环境过程中,重点抓实对学生日常学习习惯的规范管理,致力于培养学生阅读理解的习惯、质疑探究的习惯、合作交流的习惯。教务处制定的《学生学业成绩考核办法》,从上课、自习、作业完成、考试等方面对学生学业进行全方位考查,各班主任、任课教师抓细抓严,规范学生的学习行为,促进优良学风的形成。

2. 造氛围

当下的学生成长在新时代,随着经济的飞速发展、科技的日新月异、生活环境的不断改善,这一系列的变化也在不断地丰富他们的思维,促进了他们向开放性、多样性发展。如今的教育也一改过往简单的说教灌输,给教育方式赋予多元化,为学生营造轻松、愉快的学习氛围。我校在教学楼、寝室、食堂、花园、广场等学生学习生活区域,以他们喜闻乐见的形式,宣传校风校史,记录名人名言,报道新人新事。比如,在校园醒目的位置镌刻"百年一校、文化化人、有教无类、幸福卓越"的核心理念,"厚德、博学、精技、创新"的校训,"文明、守纪、务实、奉献"的校风,"励志、乐学、文明、守纪"的学风。在教学楼的楼道墙壁上挂满名人画像、名人名言、名人轶事、师生才艺展板、校园掠影等,其内容丰

富、形式多样，也在潜移默化中，直击每一位学生内心，时刻激励着他们勤勉学习、刻苦钻研，切实做到内化于心、外化于行。

3. 树榜样

行为主义学习理论中的"强化原理"提出，"用某种有吸引力的结果，如认可、赞赏等方式创造一种令人满意的环境，以表示对某一种行为的奖励和肯定，提高这种行为重复的可能性"。这对我校学生学习行为文化建设起到了非常大的启示作用。我校通过以树立学习榜样的正强化手段，在校内以各种方式对优秀的先进个人进行宣传，弘扬其优秀的品质和行为方式，充分发挥榜样的引领作用，进一步塑造学生良好的学习行为。为使榜样的教育落到实处，我校每期将进行评优选模，如"三好学生""优秀学生干部""优秀团员""优秀班委干部"等的评选，并在学校公告栏进行表彰展示。同时，对于好人好事也予以全校范围的宣传与鼓励，将他们的先进事迹写进课程、写进作文、写进全体学生心里，让学生榜样的无穷力量在学生学习行为的塑造上发挥充分的效能，同时也激励着学生在学习道路上不断进步、追赶榜样、勇超标杆。

4. 强技能

作为中等职业学校，我校的教育肩负着双重任务，不仅要传授科学文化知识，还要培养学生专业技能和社会角色，以充分适应社会的发展需要。因此，技能培养是我校教育工作的核心环节，强化技能训练也成为我校学生学习行为文化建设的一个关键要素。我校在面对学生专业技能培养的问题上，积极响应国家出台的相关政策与指导意见，结合学校实际，建立健全相关的政策与制度保障机制，不断加快和深化教育教学改革，积极筹建校内实训室等硬件设施，努力拓宽学生专业技能培养的机会和渠道，全面提高学生的综合素质和能力。我校通过建立技能比赛后备人才库，配备专业教师进行技能指导，做实日常的技能实训、集训工作；以赛促学，定期选拔优秀选手参加各级组织的技能大赛，赛前对参赛选手进行解压与鼓励，赛后对获奖人员进行全校性的表彰与宣传，增强学生练习技能的积极性和成就感，逐渐形成互帮互学、你追我赶的良好学习风气。与此同时，积极推行双证制度，鼓励学生在校期间考取相关的专业技能证书，为毕业后就业打下良好的基础。近年来，我校在市级、省级、国家级的各项技能大赛中取得了不少奖项；同时，输送了不少优秀学员先后到多家企业顶岗实习，如京东集团、遂宁之窗、遂宁市鑫海汽车销售服务公司、启元教育集团等，为校企合作的进一步深化奠定了基础。而随着学生专业技能的不断强化，他们的理论文化水平也得到了很大程度的提高。这对学生学习行为的规范起到了正面强化作用。

（二）严格对标班规校纪，塑造健康整洁的形象文化

中职生作为新时代的主人，是祖国未来发展的新希望，象征着青春与活力，充满了智慧与力量。他们被新时代赋予了新的使命，时代对他们提出了更高的要求，而他们的形象也代表着祖国的未来风貌。因此，塑造良好的个人形象就成为当代中职生成长过程中的关键环节，对学生全方位成长起着至关重要的正向促进作用。

我校着眼于学生未来职业活动的需要，以学生形象塑造为切入口，以学校规章制度为抓手，通过塑造阳光大方的个人形象，维护干净整洁的寝教室形象，全方位建设健康整洁的学生形象文化。

1. 塑造阳光大方的个人形象

一是维持整洁大方的仪容仪表。仪容仪表通常指一个人的外表、外貌，包括容貌、服饰、体态和举止等方面。它是中职生文明修养的重要内容，也是他们精神面貌的具体体现。因此，我校要求学生的仪容仪表既要符合他们的学生身份、性别特征和年龄特点，也要遵循民族传统和习俗约定以及当代文明社会的公认准则，在对于美的追求上要外表与内涵并重，不追赶时髦，不贪图虚荣，不盲目攀比，更不去模仿、追求一些媚俗、低俗、败俗的所谓"时尚"。我校根据国家颁布的《中学生守则》和《中学生日常行为规范》以及中央有关方针、政策精神，结合实际情况，制定了相应的《学生仪容风纪检查制度》，并由学生会干部对全校学生进行仪容仪表的不定期抽查。经过严格的对标检查，我校学生"佩戴耳环、项链、戒指""着超短裤、超短裙、破洞裤""留长指甲、涂指甲油""烫发、染发、披头散发""化浓妆"等现象有大幅度减少，全体学生在规章制度的约束下养成了良好的行为习惯，塑造了大方得体的个人形象。

二是拥有健康强壮的体魄。习近平总书记在2018年全国教育大会上强调"要树立健康第一的教育理念，开齐开足体育课，帮助学生在体育锻炼中享受乐趣、增强体质、健全人格、锤炼意志"。对中职学生而言，他们在毕业之后将直接进入社会。结合职业劳动的特点，社会对他们的身体素质提出了更高的要求。而强健体魄的塑造很大程度来源于持之以恒的体育锻炼，我校也在全面贯彻国家政策方针、积极探索培育路径，组织开展了

各类体育锻炼活动来全面提升学生的身体素质，不断深化学生的终身体育锻炼意识，塑造学生阳光开朗、积极向上的精神风貌与个人形象。例如，做实"两课两操一活动"的组织与督促，要求体育授课教师认真地做好课前准备，严格地进行课堂考勤，在教学过程中有意识地让学生领悟体育锻炼的意义，发挥学生的主观能动性，激发学生的运动活力，增强学生锻炼的积极性与自觉性；每日两操活动种类丰富多样，可选择跑步、做操及自由球类活动作为紧张学习之余的放松调节方式，期间要求班主任到场进行监督，政教处、学生会干部到位巡逻检查和进行优秀班级的评定，以班级加分与扣分来作为奖励与约束条件，让学生在维护班级荣誉的同时潜移默化地养成积极的体育锻炼意识，拥有强健的体魄，塑造健康阳光的个人形象。

2. 维护干净整洁的寝教室形象

作为中职生日常学习和生活的重点区域，寝室和教室也成为学校的卫生"重灾区"。这一现象在刚入校的新生中尤为突出，有不少学生在父母庇护下成长，家长的过分溺爱与纵容让他们看不到具体的劳动，劳动意识淡薄、动手能力差，未能养成良好的劳动习惯。我校也清楚地认识到了强化学生的劳动服务意识才是维护寝教室形象的关键所在，因此，将劳动教育与德育、智育、体育、美育并列，加强对寝教室形象文化的建设。

在寝室方面，我校坚持寝室管理常抓不懈，不断健全和完善寝室管理制度，制定了《学生宿舍管理制度》《学生宿舍内务卫生规范细则》等相关校级条例，建立了由分管校长负责，政教处督察，教官、生活管理教师具体执行，班主任、学生干部协助的寝室管理团队。每天，分生活管理教师、政教处两条线对寝室内务情况进行检查评定，并对内务情况较差的寝室进行通报扣分，通知班主任及时进行督促整改；每月，学生会干部将会对照《学生"星级文明寝室"评比办法》，在各专业部进行一次"星级文明寝室"的评优，意在树立榜样、鞭策不足，打造整洁的寝室环境和温馨的寝室氛围；每学期，由学生准军事化管理办公室牵头，开展至少一次新生内务强化训练活动，以军训内务管理成果为标准，通过寝室内务的强化训练，培养新生良好的生活习惯、雷厉风行的作风和服从意识，提升寝室内务整体水平。我校通过具体到每日的寝室精细化管理，多措并举，狠抓寝室具体管理细节，消除盲点、正视弱点、直面痛点，管理人员按章办事，学生有章可循。在相关规章制度的约束下，学生的劳动服务意识得以进一步强化，维护了良好的校园寝室形象。值得一提的是，我校的寝室内务管理已获得业内认可，成功创建了"省中等职业教育学生内务管理示范校"。同样，在教室方面，我校出台了《校园清洁卫生考核评比细则》，并严格对标细则，坚持对教室区域的清洁卫生情况进行常态化管理，做实每日三次清洁维护、每周一次彻底打扫，各班班主任加强安排指导，学生会干部进行例行检查，定期表扬优秀、及时通报不足，在建立学生班级荣誉感的基础上使他们的劳动服务意识得以深化，维护了整洁的教室形象。

（三）中华传统入脑入心，构造文明、友善的礼仪文化

礼仪文化代代相传，或借鉴，或沿用至今，形成了具有东方特色的礼仪文化，对我国社会主义礼仪文化建设和精神文明建设有着积极的不可替代的重要作用。礼仪教育是实施教书育人的重要途径，不但有助于中职生继承我国优秀传统文化，传承民族精神，彰显人格魅力，满足自我发展的需要，而且有助于中职生建立良好的人际关系，提升社会竞争力。

《说文解字》中对"礼"是这样解释的："礼者，履也。"履为行路。言下之意，良好礼仪行为的形成需要依靠礼仪的践行。我校坚持以行动促落实，在教育学生学习文明礼仪知识的同时，引导学生在生活中不断体验和感悟，并主动践行，把文明礼仪要求内化为个人修养和行为习惯，通过实际行动彰显学校学生良好的文明风貌和礼仪形象。我校将"礼仪"作为德育目标，制定《学生礼貌礼节规定》，要求学生在校文明知礼，遇见老师主动问好，与同学相处团结友好，对待他人文明友善等。比如，我校的礼仪文化以开学典礼、升旗仪式为基本形式，以及德育大课堂有针对性的礼仪文化教育、全体学生红旗下的郑重承诺，"做一名讲诚信、懂礼仪、知感恩、明责任的人"。在庄严肃穆的氛围之中，学生能切实领会礼仪文化的真谛所在。"懂礼仪"不仅是一句口号，更是一份决心，需要他们时时习礼、处处用礼，努力地去养成、去践行、去传承，从而真正达到知行合一，构造文明友善的礼仪文化。

（四）增添动力，激发活力，打造特色的社团活动文化

校园活动对于中职生品德修为的塑造、健康心理的形成、学习潜能的激发起着很好的促进、催化作用，也是他们得以全面发展、健全人格的重要手段之一。我校坚持秉承"百年一校，文化化人"的核心理念，立足于"自我教育、自我管理、自我监督、自我服务"四个根本，以文娱体育活动、社会实践活动、主题教育活动为载体，以重大节日为契机，以多元文

化展现为内涵，积极组织多项极具特色的校园活动。以文化熏陶人、以事件感染人、以成就激励人，形成了大型活动项目化、精品化，中型活动学部化、特色化，小型活动社团化、经常化的校园活动系列。以"三大主线、两大活动阵地"为体系，科学有序地组织了一系列活动，打造特色的活动、社团文化，切实把学生思想道德教育和综合职业能力培养有机融入各项活动之中。

1. 以红色文化为主线，组织文化主题活动，增添学生的学习动力

例如：开展系列主题征文、手抄报比赛、每周班团活动、德育大课堂、"金话筒主持人"大赛、纪念五四运动暨五四表彰大会及"一二·九"经典诵读大赛、"烈士陵园"扫墓、观看爱国教育影片等活动。

2. 以兴趣爱好为主线，组织体育文娱活动，提升学生的道德情操

例如：举办全校拍客大赛、校园歌手大赛、"五四游园活动"及"迎新生"文娱晚会、"庆元旦"跨年晚会、"庆国庆"合唱比赛、校运动会、各项球类比赛等活动。

3. 以专业技能为主线，组织社会实践活动，强化学生的技能水平

例如：安排准毕业生到合作企业顶岗实习、到江苏京东集团参加实训夏令营活动、组织统筹各项技能大赛、鼓励学生寒暑假参加志愿者服务活动等。

4. 以社团、校园广播电视台为活动阵地，协助、保障各项活动顺利开展

一是社团组织。我校现登记注册的学生社团已达 21 个，社团成员已近 2000 人。每个社团有大家共同遵守的章程，有纪律和学业方面的约定和约束；全体会员共同参与社团发展的规划、社团活动的设计与开展、社团组织的自身建设；学校团委负责对社团进行管理与考核。在社团活动中，学生自主活动、自我管理、自我教育，由"他律走向自律"，充分体现了学生是德育主体的时代理念。活跃的学生社团，丰富了学生的校园文化生活，提升了学生的综合素质，满足了学生身心的个性化发展，培养了学生的团队精神，促进了学生的健康成长。二是校园广播电视台。我校投入 350 万元，建成室外 LED 大型显示屏，可供全校 5000 余名师生共同观看；建成覆盖全校所有班级的"电子白板"视屏系统，既方便开展教学活动，又与校园电视台联通，成为学校德育的重要载体。2019 年，我校依托"双示范"建设，将校园广播电视台进行了全面升级，建成了新的录播教室、

直播间、影视制作中心等，成为学校德育教育、文化传播、对外宣传的重要阵地，并在学校德育大课堂等大小活动中充分发挥了它的视觉功能，真实记录和反映了校园活动的点点滴滴，形象生动，富于感染力，为学校各项活动的顺利开展保驾护航。

三、百年红色传承，促学生行为文化建设获质效

"育人为本，德育为先"，我校一直秉承"百年经典，文化化人"的德育理念，在学生行为文化建设中，以德育教育为抓手，以红色精神为引领，倾力打造了极具特色的师生德育大课堂，贯穿于对学生行为文化建设的方方面面。

我校的德育大课堂坚持以正面激励、赏识教育为主，积极发现学生身上的闪光点，并借助多媒体手段进行展示。德育大课堂在每周一庄严、肃穆的升旗仪式中开场。"国旗班"着装整齐，随着激昂的音乐，迈着坚定有力的步伐，出旗、奏国歌、升旗，全体向国旗行注目礼、高唱国歌，强烈的仪式感为德育大课堂顺利开展拉开了序幕。英姿飒爽的国旗班和规范神圣的升旗仪式已然成为学校里一道亮丽的风景。鲜艳的五星红旗之下，全体学生高高举起的右拳，高声宣读的誓词，也一次次激励、鞭策着他们要坚定理想信念，真正成长为本领过硬、能担使命，于国家、于社会有用之人。随后将播放教育短片，由学校校园广播站精心制作，极具正能量，以校园学习、爱国主义、集体主义、社会主义核心价值观、民族团结、安全教育、感恩励志、性格培养、心理健康等板块作为素材，真实地记录和反映校园生活的点点滴滴。

每周例行的德育大课堂从学习、形象、礼仪、活动等方面，潜移默化地对学生进行着正面引导，让学生真正观有所感、听有所悟、学有所获，促进我校学生行为文化建设获得质效。

第二节　教师行为文化

教师是立教之本、兴教之源。一个学校的发展，离不开教师队伍素质的提升。因此，构建积极向上的教师行为文化，是学校文化内涵提升的体

现，更是教师队伍素质提升的动力。

一、教师行为文化的内涵

教师行为文化是学校文化在教师层面的具体呈现，是教师在长期的教学实践、师生交往、生活方式、群体活动中表现出来的教风、校风、学校精神等。

（一）制度的严格要求，形成了良好的教风

我校创建于民国时期，自创立之日起，始终坚持自己的办学特色，虽然历经风雨，经受各种各样的社会变迁的冲击，但办学初衷和教育精神始终没有改变。特别是进入改革开发的新时代以后，我校结合中国社会发展的新趋势，对教师提出了相应的新要求。

纵观这一百年，我校在建立之初就把"注重道德教育，以实利教育、军国民教育辅之，更以美感教育完成其道德"作为校风教育、立校之本。这是当时我校结合实际提出的立校原则。随着时局的变化，当时我校的一些进步教师开始提倡民主自由教育，这是在当时社会仍然充斥封建思想及封建专制政权随时复辟的大背景下提出的应对策略。在这个过程中，我校的良好教风开始出现了萌芽，因为它诞生在民主自由的思想当中，它符合教师开展反封建思想运动的需要，并且能够起到有效消除学生读书学习僵化落后方法的作用。

尔后，我校开始将体育锻炼作为对学生进行思想教育的方式，同时开始提倡平民教育精神。这使当时的教师意识到，每个学生都有受教育的权利，应该平等用心对待每个学生。同期，我校开始实施生活技能教育，这对教师的实践能力提出了一定的要求。

随着历史的发展，我校教师逐渐承担起了教育学生爱国爱家的责任，在当时内战以及抗日战争的历史条件下，学校往往要面向学生开展国家救亡图存的爱国主义运动，教师也要适时担当这样的责任。因此，教师开始重视对自身自律习惯的养成，为学生逐步树立了做人做事的典范。

新中国成立以后，我校开始将思想政治教育作为教师的教学重点之一，营造良好的"爱生、勤学"等教风。改革开放以后，我校按照国家现代化建设的要求，在教师中开展了"五讲四美三热爱"等活动，进一步使我校教师形成了对学生关心爱护、耐心细致的教育习惯。随后，我校逐步将学校教育同家庭教育、社会教育相结合，为职业教育的全面发展铺平了

道路。在这个过程中,"乐教、爱生"等教风得到了进一步发扬。教师的细致教育,对学生的全面关爱,使学生逐步具备了走向社会的生存本领,不但学到了必要的工作技能,同时在思想道德方面也受到了深刻教育。

(二)百年红色文化,孕育出高尚的师德

纵观我校百年来的发展历程,它同时也是一个红色文化不断渗透并融入学校教师及学生思想的过程。在我校教书育人的核心理念当中,革命精神诞生于民国时期并发展壮大,新中国成立后虽然历经风雨,但却孕育出我校特有的"高尚师德"。我校经常开展青年教师阅读学习学校校史文化读本等活动,并且定期或不定期组织教师参观红色文化纪念场所,尤其是代表了重要历史节点的革命历史遗址,使我校教师普遍受到了传统的爱国主义红色经典教育。

自民国时期始,我校在战争风云及复杂多变的政治形势当中,虽然历经波折,但却逐步总结出本校特色的教书育人的理念。其中,我校建立初期实行的道德教育成为现如今"高尚师德"的基石,因为教师的基本道德操守是确保树立正确榜样的前提条件。而后期提倡的生活教育是培养当时教师艰苦朴素优良传统的基础,使教师形成了注重生活技能培养的良好习惯,认识到必要的生活技能是发展个人基本职业能力的重要保证。

新中国成立以后,"拥护共产党,热爱新中国"成为当时我校教师师德的参照,它要求教师对学生开展全面的思想政治教育,同时要求教师做出表率。数校合并以后,我校提出的"讲诚信、懂礼仪、知感恩、明责任"的德育目标成为教师师德的参考标准,也对教师本身提出了更高的要求。

(三)勤勉奉献的学校精神,培养出能工巧匠型教师

民国时期通过大量的军事训练和竞赛活动,我校教师逐步形成了"勤奋进取,目标明确"的做事习惯。受到这样的学校精神影响,我校教师普遍面向学生开展了具体的培养良好生活习惯和学习习惯的活动。在这样的氛围当中,教师群体逐步加强了对我校勤勉奉献的办学理念的认同感。

经过新中国成立以及改革开放新时期的洗礼,我校的勤勉奉献的学校精神得到了进一步发展,特别是近些年来职业教育发展趋势的新变化,使我校教师普遍意识到不断提升自身的教学技能是适应新的职业教育要求的有效办法。在学校近些年来开展的各种各样的教学技能比赛以及教学成果观摩活动中,很多具有潜力的青年教师不断涌现了出来,他们受到我校百

年积淀的办学教育理念的深刻影响，借助学校提供的先进教学条件，在其他教师及领导的大力支持下，不断发挥出自己的能力。因此，在他们当中诞生了很多能工巧匠型教师，为激发我校其他教师的教学热情提供了新的动力。

经过百年风雨，我校不断发展，文化内涵逐步提升。在这样的文化引领下，我校教师积极进取，他们不只是传统意义上立于讲台的老师，还是具备良好专业素质的技能型人才。

二、教师行为文化的内容和实施

教师行为文化可分为教师个人行为文化和教师集体行为文化。教师的个人行为文化主要为：为人师表、爱岗敬业；关爱学生、教书育人；钻业精技，终身学习。教师的集体行为文化主要为：以老带新，传承技艺；合作交流，共同提高；榜样示范，相互学习。

（一）教师个人行为文化

1. 为人师表，爱岗敬业

这是教师的一项基本职业要求，也是我校创立以来始终对教师提出的一项基本职业素养。对于教师而言，其要始终贯彻党和国家的教育方针政策，遵守教育法律法规；理解职业教育工作的意义，把立德树人作为职业教育的根本任务，认同中等职业学校教师的专业性和独特性，注重自身专业发展，注重团队合作，积极开展协作与交流。对于学生而言，教师是他们时刻学习的榜样，教师无意中的一句话，或者是在学生学习过程中的某一次评价，都会对学生产生深远的影响。我校教师普遍能够在学生面前保持一种表率作用，尤其在教学过程中展现出了足够的耐心和细致，对每个学生的问题做到及时解答，对学生在学习或生活中遇到的问题能够耐心开导，晓之以理、动之以情，把学生作为自己的朋友，平等看待每一个学生，展现出良好的师德和师风。

2. 关爱学生，教书育人

教师的劳动行为对象是学生，劳动成果也体现在学生身上。在教学过程中，传递的不仅仅是知识，还传递着教师对于学生的关爱。

思想上树立关爱学生的观念，即：重视学生身心健康发展，保护学生人身与生命安全；尊重学生，维护学生合法权益，平等对待每一个学生，采用正确的方式方法引导和教育学生；信任学生，积极创造条件，促进学生自主发展；树立育人为本、德育为先、能力为重的理念，将学生的知识学习、技能训练与品德养成相结合，重视学生的全面发展；遵循职业教育规律、技术技能人才成长规律和学生身心发展规律，促进学生职业能力的形成；引导学生自主学习、自强自立，养成良好的学习习惯和职业习惯；富有爱心、责任心，具有让每一个学生都能成为有用之才的坚定信念；坚持实践导向，身体力行，做中教，做中学；善于自我调节，保持平和心态；乐观向上，细心耐心，有亲和力；语言规范健康，举止文明礼貌。

行动上落实关爱学生的观念。首先，我校教师常常在教学实践过程中向学生渗透学校文化内容，教导学生树立励志、乐学、文明、守纪的学风，教会学生树立正确的学习目的，激发学生巨大的学习动力，帮助学生养成正确的学习态度、学习习惯，掌握有效的学习方法。由于职业教育当中往往涉及职业道德方面的内容，因此，我校教师在教学过程中除了培养学生的职业技能外，还加强了职业道德的教育。行业需要员工具有良好的职业道德，尤其是做到诚实守信。因此，教师有必要把相关的职业道德方面的知识传输给学生，引导学生自主学习、自强自立，养成良好的学习习惯和职业习惯，培养学生的社会责任感；在教书育人的同时，将正确的价值观传递给学生，为学生就业做好必要的职业道德知识铺垫，对学生将来顺利就业起到积极的作用。

3. 钻业精技，终生学习

中等职业学校的教师在教学和育人过程中，专业理论与职业实践相结合、职业教育理论与教育实践相结合；遵循职业教育规律和技术技能人才成长规律，提升教育教学专业化水平；坚持实践、反思、再实践、再反思，不断提高专业能力，学习专业知识、职业教育理论与职业技能，学习和吸收国内外先进职业教育理念与经验；参与职业实践活动，了解产业发展、行业需求和职业岗位变化情况，不断跟进技术进步和工艺更新；优化知识结构和能力结构，提高文化素养和职业素养；具有终身学习与持续发展的意识和能力，做终身学习的典范。

职业学校更加关注对学生实践能力的培养，这就对教师本身的教学水平提出了更高的要求。专业技能课对学生的动手实践能力要求较高，这就要求教师时刻密切关注行业的发展动态，经常进行相关专业知识的学习，不断提升自身的教学水平；定期开展教学成果研讨会，到企业实践，汲取经验以进行自我提升。在这个过程中，教师可以获得很多有启发性的教学方法，并运用到自己的教学实践当中。靠着精益求精的钻研教学的态度，教师的专业技能不断提升，也就养成了终身学习的好习惯。

（二）教师集体行为文化的内容和实施

1. 以老带新，传承技艺

以老带新、传承技艺主要体现在我校的师徒结对活动上。师徒结对活动，是为切实加强我校师资队伍建设，充分发掘我校教师队伍潜能，提高教师队伍的整体素质，使他们快速成长为骨干教师和教学能手，充分发挥各学科骨干教师的"传、帮、带"作用，更快培养出一批优秀的青年拔尖人才而实施的重要人才培养工程。我校多年来开展的师徒结对活动，提升了我校教师整体的教学水平，最大限度地发挥出青年教师的潜能，为我校整体教学质量的不断提高打下了坚实的基础。

尤其是近年来，学校多次组织骨干教师和名师与年轻教师进行结对帮扶活动，师徒对子至少保持了一年以上，通过师徒间听课、评课、备课等教学活动，发挥骨干教师和名师作用，帮助青年教师尽快成长，一年合格，两年胜任，三年成为学校骨干。在这个过程中，很多年轻教师消除了教学上的薄弱环节，进一步完善了自身的知识结构和教学方法，同时能够结合自身的特长，有针对性地提高学生的职业技能水平。

事实证明，这样的师徒结对活动能够促进青年教师迅速成长，促进我校教育教学整体水平的提高。同时，一批青年教师迅速成长为我校的骨干教师，在教学岗位上取得了优异的成绩。

2. 合作交流，共同提高

教师间的合作交流主要体现在教研组内教师的沟通交流、组外教师的合作探讨两个方面。

教研组是学校实施教学管理和教学研究的基础组织，是教学研究的组织形式，在学校教学工作中起着重要的作用。一所学校的课堂教学质量，与教研组工作有着密切的关系；教研组不仅是教学常规的落实者，日常教学活动的组织者，而且是开展教学研究的重要阵地，是教学创新的产生和实践场所，是提升教师业务素质、提高教学质量的关键。我校一直采用的是教研组分组管理制度，即相同学科的教师组成一个教研组。目前，我校共有13个教研组，这是我校教师开展教学沟通交流活动的必要保障。作为职业教育学校，我校的教研组除了承担最基本的教学管理职能以外，还承担青年教师培养、教学改革研讨、主题教研交流等任务。

不同学科的教师相互合作探究、分享经验资源、共同发展，也是教师共同进步提高的重要方式。根据国家对职业教育的要求，教师积极构建"思政课程＋课程思政"大格局，积极落实"三全育人"，实现思想政治教育与技术技能培养的有机统一。结合职业院校学生特点，创新思政课程教学模式，强化立德树人意识，结合不同专业人才培养特点和专业能力素质要求，梳理每一门课程蕴含的思想政治教育元素，发挥专业课程承载的思想政治教育功能，专业课教师与思想政治理论课教师相互交流，将课程思政落到实处。

3. 榜样示范，相互学习

在学校文化的影响下，学校涌现出一批批"师德优秀、业务优秀"的教师。这批教师组成优秀人才梯队，在教师队伍中起到了模范带头作用，带动全校教师整体水平的提高。优秀教师的示范是我校教师能够普遍有效提高教学技能的重要基础。通过在教师之间辐射引领，相互帮助，面对面进行有效交流和探讨，我校教师逐步养成了相互学习、共同提高的良好教学习惯。我校经常展示骨干教师或者优秀青年教师的教学成果，通过公开课等形式，为其他教师提供了一个互相切磋交流的平台；同时，经常组织一些优秀教师到外部单位开展学习交流活动，通过这样的方式为教师树立了榜样，激发了教师的学习热情，使教师的教学能力有了明显的提高。

因此，良好的教师行为文化往往对教师能够起到潜移默化的作用，教师的教学技能的提高在很大程度上需要靠教师之间积极的教学习惯的影响。在我校学校文化内涵的引领下，教师的行为文化内涵也在不断提升和发展。

第三节　学校领导行为文化

任何学校都有属于自己的文化，涉及精神、物质、行为等方面。在日益开放的今天，一所学校中领导的群体行为决定着这所学校的办学水平和效益，左右着学校前进和发展的方向，也影响着教师的教学行为和教育观念。它能直接反映一所学校的精神风貌。可以说，有怎样的领导行为文化，就会有怎样的学校文化。

一、学校领导行为文化内涵

作为学校文化的一个重要组成部分,领导的行为文化特指学校在日常教育教学活动中表现出来的领导管理行为方式和行为结果的积淀,反映了学校管理群体特别是学校管理者的价值观念、工作风格、领导艺术、思维模式。一般而言,学校领导行为文化是指在学校处于领导地位、发挥引领作用的人,以校长为核心,涵盖从事学校管理工作的所有班子成员、中层干部等,在进行学校教育教学领导过程中所展现出的以"管理""引领""优化"等为核心的领导行为文化。

二、学校领导行为文化内容与实施

在学校里,领导者的一举一动都会引起师生的关注和议论。一件小事,由普通老师来处理,其影响就在班级之内;如果是校长亲为,影响就会辐射全校,小事就成了大事。我们将学校领导者的行为大致分解为秉承科学管理的行为、坚持规范学校办学行为、营造育人文化行为、领导课程教学行为、引领教师成长行为、优化内部管理行为、调试外部环境行为等。学校领导文化也由此几个方面展开阐述。

(一)秉承科学管理的行为文化

学校领导秉承科学管理的行为文化在于领导行为理念做理论、领导行为原则做指导思想、领导行为方向做实践要求,注重德行、和谐、榜样。以此,该项文化从管理理论着手,落实指导思想,实施管理实践,做到理实一体化的呈现。

1. 领导行为理念秉承以德为先

学校领导在执行学校管理的过程中,秉持以"公"为原则的管理理念。"公"即道德行为,具体表现为"公正",光明正大;"公平",指行政执法办公事,公平无偏;"公利",即众人或国家之利。学校表现在其领导行为上完全符合"德行垂范",包括严格自律,品端行正,以德服人,工作中做到了为人正直、为政清廉、襟怀宽广。学校是一个由"人"组成的系统,而不是某一个人的学校。因此,学校领导者想问题、办事情、做决策不能掺杂个人私念、私心,而是要把学校的发展作为出发点。这样,领导的管理行为才能率先垂范、真正服众,起到激励和示范作用。

2. 领导行为原则坚持和谐为准

学校领导制度并不直接作用于学校和谐文化的建设，真正起直接作用的是具体的管理行为。正是在这样的背景下，追求和谐的管理行为文化，很值得我们去研究和探索。所谓的管理行为文化，是在制度管理的框架内，在管理行为上寻求和谐的文化努力。在学校领导行为文化建设中，和谐的学校管理行为文化应该以宽容为基本特征，以沟通为基本准则，以倾听为基本姿态，而以奖惩为非常手段。一是领导把握好管理度，让全体被领导者都具有提升自我、发展自我、完善自我、成就自我的意识，整体上也都有融入团队、服务团队、维护团队荣誉、提升团队形象的心理需求，并愿意接受一定的制约。二是秉承宽容的原则，求精彩而不求完美，不过分越过被领导者的界限，给予对方强大的压力感。三是通过沟通达成共识或谅解。四是善于倾听。这是领导行为文化的基本姿态，领导在倾听的过程中，可以有效把握住对方的情感内核，因势利导，充分利用对方的实际认知水平，有针对性地引导对方修正自己的价值观和荣辱观，并提醒其养成内省的习惯。

3. 领导行为方向关注榜样示范

"人生在勤，不索何获。"作为学校管理者，其业务素质和管理水平直接影响学校的办学质量。管理者以身作则，在教师中起楷模带头作用，可以有效调动教师的积极性。管理者要讲政治、讲正气，做到治学严谨、勤政廉政、以德树威；言必信，行必果，以信扬威；讲奉献，去杂念，以情助威；举止文明，遵纪守法，以仪升威；顾全大局，不计小节，以和强威。如果一个管理者在学校师生中缺乏政治威信，就不可能真正成为"学校之魂"，就难以对学校工作发挥主导作用。

（二）坚持规范学校办学行为

学校领导行为的重要内容是坚持规范学校办学行为，该行为致力于学校办学理念、办学定位、发展规划等方面，是学校可持续高质量发展的有效推手。

1. 坚持育人为本，规范学校办学理念

学校领导以"育人为本"作为学校办学宗旨，将培养高素质劳动者和技术技能人才作为学校一切工作的出发点和落脚点，促进每个学生健康成长；扶持困难群体接受职业教育，促进教育公平；树立人人皆可成才的人才观，把提高职业技能和培养职业精神高度融合，为每个学生提供适合的

教育，努力提高中等职业教育质量，促进学生德智体美等方面全面发展。

2. 坚持全面战略规划，规范办学目标

学校领导在做学校发展规划方面应全力做到规范、科学、可持续。一是学校领导注重学校发展的战略规划，凝聚师生智慧，汇集行业企业力量，结合区域经济社会发展需要，立足学校办学传统和办学实际，建立学校发展共同目标，形成学校发展合力，办出学校特色。二是组织多方参与诊断学校发展现状，及时发现和研究分析学校发展面临的主要问题，制定学校发展规划，与社会需求紧密对接，确立学校中长期发展目标。

3. 坚持引领发展，规范办学行为

学校领导引领发展的行为主要体现在管理学校的行为中。学校领导作为学校改革发展的带头人，担负着引领学校和教师发展、促进学生全面发展与个性发展的重任；坚持就业导向和特色办学，秉承先进职业教育理念和管理理念，坚持依法治校，建立健全学校各项规章制度，完善学校目标管理和绩效管理机制，实施科学管理、民主管理，推动学校可持续发展。

（三）营造育人文化的行为

学校领导营造育人文化主要体现在把握学校育人方向、打造学校育人环境基础、关注特色育人活动方面。该项行为作为领导关注的重点工作之一，也是领导行为文化的重要内容。

1. 坚持立德树人，把握育人方向

学校领导在学校育人方向方面，主要做了如下行为。一是坚持把立德树人作为中等职业学校教育的根本任务，把德育工作摆在素质教育的首要位置，全面加强学校德育体系建设。二是将学校育人文化建设作为学校文化建设的重要方面，积极践行社会主义核心价值观、热爱与传承中华优秀传统文化、充分发挥地域优秀文化和优秀企业文化的重要价值。三是掌握学生思想品德、职业道德形成以及健康心理发展的特点、规律及其教育方法，做好育人的基础工作。

2. 重视校园人文氛围，创设育人环境

学校领导全面了解学校文化建设的基本理论，特别重视校园人文氛围的打造。一是加强校园人文环境建设，体现学校办学特色的校训、校歌、校徽、校标等重要载体呈现在学校硬件环境中，全面展现出学校优良的校风、教风、学风。二是倡导建设绿色健康的校园信息网络，向师生推荐优秀的精神文化作品和劳动模范、创业典型、技术能手的先进事迹，努力防范不良的流行文化、网络文化和学校周边环境对学生的负面影响。三是了解学校文化建设的基本理论，掌握促进产业文化、企业文化、职业文化融入学校教育的方法和途径。

3. 创新育人活动形式，形成育人长效机制

学校领导在育人行为中，着重以开展活动为载体、发挥教师、学生、学生社团等主体的力量。一是凝聚学校文化建设力量，推进优秀企业文化进校园，发挥教师、学生及社团的主体作用，发挥各级各类公共文化设施、专业实践活动基地和实训基地的德育功能，为共青团、学生社团、班集体活动开展提供必要条件，保证活动时间。二是精心设计和组织丰富多彩、积极向上的文艺体育活动、技能展示活动和社会实践活动，积极组织开展创业创新、职业生涯规划、礼仪规范等主题教育活动，形成爱学习、爱劳动、爱祖国活动的有效形式和长效机制。

（四）领导课程教学的行为

学校领导在领导课程教学的行为中以把控课程设置、监督课程实施、关注课程效果为主要内容。该项行为事关学校教育教学质量，是保障学校可持续、高质量发展的重要举措。

1. 把控专业建设，规范课程设置

学校领导根据区域经济社会发展的需要，对接职业和岗位需求，明晰学校开设专业的培养目标和教学标准，在政府、行业、企业等方面指导下开展专业建设。同时，学校领导认真落实国家颁布的中等职业学校专业教学标准，合理设置公共基础课和专业技能课，加强法治教育，关注学生心理健康和青春期教育，推动校本课程的开发与实施，落实综合实训、顶岗实习等实践教学的有关要求。

2. 关注课程实施，规范课程教学行为

学校领导关注信息技术在教育领域应用的一般原理与方法，推进信息技术与教育教学深度融合。同时，关注课程教学质量，建立听课与评课制度，深入课堂听课并对课堂教学进行指导，每学期听评课不低于教育行政部门规定的课时数量。另外，积极组织开展教研活动和教学改革，推行项目教学、案例教学、工作过程导向教学等教学模式，建立健全教育教学评价制度。除此，尊重教师的教学经验和智慧，注重行业企业专业技术人员

的参与，积极推进职业教育教学改革与创新。

3. 重视课程结果监测，关注课程效果

学校领导遵循职业教育教学规律和技术技能人才成长规律，着力培养学生的职业道德、职业精神、职业技能和就业创业能力。同时，坚持产教融合、校企合作、工学结合、知行合一，面向全体学生，因材施教，在保障学生技术技能培养质量的基础上，加强文化基础教育。

（五）引领教师成长的行为

学校领导在引领教师成长的行为中以强化教师师德师风建设、提升教师专业技能、促进教师专业成长为主要内容，采用送培训、下企业、打比赛等方式，多维度、多渠道、多层次引领教师全面发展。

1. 重视教师职业道德，强化师德师风建设

学校领导坚持教师是学校改革发展和教育教学质量提高的主体这一理念，关心、尊重、信任、团结和赏识每一位教师。于此，落实中等职业学校教师职业道德规范要求和违反职业道德行为处理办法，扎实开展师德师风教育，建立健全教育、宣传、考核、监督与奖惩相结合的师德建设工作机制，引导支持教师坚定理想信念、提高道德情操、掌握扎实学识、秉持仁爱之心，不断提升教师的精神境界。同时，维护和保障教师合法权益和待遇，关心教师身心健康，建立优教优酬的激励机制。

2. 凸显能力为重，提升教师专业技能

学校领导在教师专业技能发展中，将掌握中等职业学校教师专业标准作为依据，把握职业学校教师文化素养和职业素养要求，提炼"双师型"教师队伍建设的途径和方法。同时，学校领导是教师专业发展的引领者和第一责任人，将学校与合作企业作为教师实现专业发展的主阵地。另外，学校领导掌握职业学校教师专业发展的理论，全力指导教师开展教育教学实践与研究的方法。这些途径给每位教师创造提升自我技能水平、专业教书育人能力水平的终身学习机会。

3. 关注教师个人成长，促进教师专业成长

学校领导关注每一位教师的发展，指导教师根据自身发展特点制订专业发展计划，加强专业带头人和青年教师培养，为兼职教师创造良好的工作环境。同时，学校领导在全校范围内建立健全教师专业发展的制度，落实五年一周期的教师全员培训制度和教师企业实践制度，推行校本教研，完善教研训一体的机制。另外，教师个人是其专业发展的内推力，学校领

导一直在遵循职教教师成长发展规律，激发教师发展的内在动力，通过教师继续教育激励其主动发展。

（六）优化内部管理的行为

学校领导在优化内部管理的行为中以依章管理、实施民主管理和全面管理等为主要措施。该项行为是学校领导统领学校大事小情的集中体现，事关学校平稳运行的方方面面。

1. 制度先行，坚持依章管理

学校领导在优化内部管理行为中，重视制度的作用，全力做到管理有据可依、有章可循。一是学校领导依法制定学校章程，建立健全学校人事、财务、资产管理、校企合作等规章制度，认真执行国家规范管理相关要求，提高学校管理规范化、信息化水平，不得违反国家规定收取费用，不得利用学校招生、学生顶岗实习、企业招工等谋取利益。二是掌握学校管理的基本理论与方法，了解现代企业管理的基本理论与方法，了解国内外中等职业学校管理的变化趋势。三是坚持依法治校，崇尚以德立校，处事公正、严以律己、廉洁奉献；自觉接受师生员工、合作企业、合作机构以及社会的监督。

2. 重视民意，实施民主管理

学校领导形成学校领导班子的凝聚力，充分听取党组织对学校重大决策的意见，发挥党组织的政治核心作用。同时，尊重和支持教职工代表大会参与学校管理的民主权利，推行校务公开，定期向教职工代表大会报告工作，实行校务会议等管理制度。并且，在管理过程中实行民主管理和科学管理，突出职业教育特色，坚持教书育人、管理育人、服务育人。

3. 关注全局，做好全面管理

学校领导熟悉学校人事财务、资产后勤、校园网络、安全保卫、卫生健康、实习实训等管理实务，管理全面、多维度、细致入微。并且，管理工作突出重点，以重点推进整体建设。比如，以努力打造平安校园、建立和完善学校各种应急管理机制、定期实施安全演练、正确应对和妥善处置学校突发事件作为重点管理工作，全面推进学校安全工作；以安全工作为基础，推动学校教育教学、实训管理等工作全面进步。

（七）调试外部环境的行为

学校领导在调试外部环境的行为中以调试家校合作，实施校企优势互补培养、学校与社会联动培养等为主要措施。该项行为是学校领导在学生培养、学校发展等方面协调外部关系、创设良好外部环境的有力举措。

1. 调试家校沟通，创建"亲情"校园

在学校领导调试家校沟通的行为中，学校领导创建以家庭为主体、以学校为主导的学生成才模式。一是掌握学校公共关系及家校合作的理论与方法。二是坚信家庭、社会（社区）的良性互动是提高办学水平的重要途径。三是了解学生家庭和所在社区的基本情况，积极获取与学生成才、就业创业和学校发展相关的信息。

2. 实施校企优势互补培养，形成产教融合育人机制

在校企优势互补培养中，学校领导坚持将校企合作共赢作为校外环境创建重要内容。一是学校领导注重建立健全产教融合、校企合作育人机制，通过与行业企业共建实训实习基地、引企入校等形式，实现资源共建共享。二是建立学校、行业、企业、社区等共同参与的学校管理团队。三是引导行业企业、社区和相关专业人员参与学校管理和监督，接受改进学校工作的合理建议，为校企合作提供基础。

3. 强化学校与社会联动，增强办学实力

学校领导一直致力于努力争取地方政府、行业企业和社会力量对学校教育的支持，营造良好外部育人环境。一是坚持把服务经济社会发展作为学校的重要功能，勇于承担社会责任。二是熟悉各级各类社会公共服务机构的教育功能，强化与其合作，扩充教育实践基地。三是积极发挥学校服务区域经济发展和促进就业的作用，鼓励并组织学校师生参与服务社会（社区）的有益活动。

三、推动学校领导行为文化建设

积极参加培训学习，拓宽思路，打开思维，更新观念，促进开展自主创新工作。

深入走访，近距离了解地方企业、行业的经济发展形势，实现开拓办学、专业开设、人才培养等与地方经济相互适应。

全方面抓学校管理工作，特别是学校发展规范的执行与落实情况，督促规划付诸实践。

重点关注教师成长工作，一手抓教师教学成长，一手抓综合素养，打造一支数量充足、专兼职比例适当、职称结构优化的特色师资队伍。

第四章 学校课程文化系统

第一节 学校课程文化内涵

学校课程文化的建设是学校发展的核心，也是组成学校文化的核心部分。学校课程文化的发展会影响学校的整体发展。职校课程文化是指职业学校课程教学中长期积累反映的与课程相关的价值取向，以及师生意识、师生心态、行动规范方面的独具特色与魅力的物质文化、制度文化和精神文化的总和。

职业教育课程文化与普通教育课程文化不同，职业教育文化更加强调以培养学生专业素养和核心竞争力为目标。职业教育课程，是连接工作岗位的职业资格与职业教育机构的桥梁，也是学生获得所学专业技能与从业能力的途径。既要促进学生全面发展，也要让学生获得从事相关工作岗位的职业素养，正是职业教育课程文化发挥的积极作用。我校从课程文化层面的建设思路出发，积极主动探索学校的课程改革与创新，经过多年的摸索与实践，逐步挖掘出具有我校特质的课程文化。

一、学校课程物质文化

（一）润物无声的校园环境

物质形态文化属浅层基础性的物质环境文化，是学校精神文化的外在表现与载体。学校课程物质文化具有直觉性和自然性的特点，对学生起到耳濡目染、潜移默化的影响，使学生积极主动地、自主自律地社会化，有益于学校形成浓郁的教风和学风，彰显学校课程文化特色。

我校充分利用学校现有资源和条件，在课程环境中融入产业、行业和企业等的文化元素，对学校的建筑场馆、实训教室、校园标志（校训、校徽、校服、校旗）进行匠心打造，为学生创造益于身心发展和品格陶冶的环境，推进学校教育事业的全面进步与发展。

1. 统一的建筑色调与风格

图 4—1 正华楼

图 4—2 金声楼

图 4-3 科技楼

2. 现代化的生产设备与工作车间

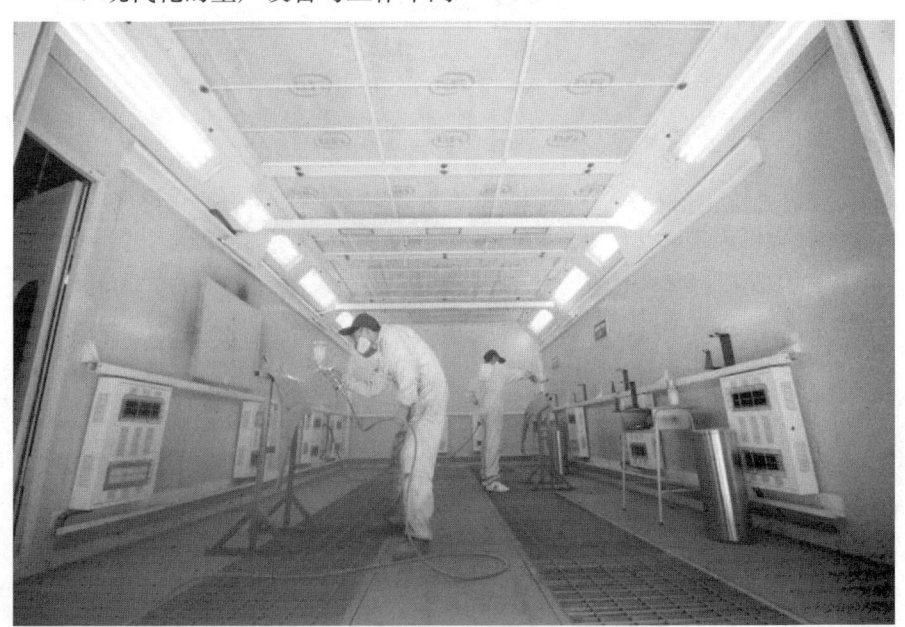

图 4-4 汽车喷涂实训室

3. "开口说话"的建筑与墙面

图4-5 后操场"程门立雪"石

图4-6 电子装配实训室的"规范、文明、严谨、安全"标语

4. 统一的工作服

图4-7 汽车运用与维修专业学生着工装上实训课

（二）教材的选用与开发

教材是课程物质形态文化的重要载体，是教育教学的重要载体，也是学生形成社会主义核心价值观、获取新知识、学习新技术、促进德智体美劳全面发展的重要途径。重视教材的选用与开发，就是重视课程物质文化建设。

我校一直注重中职教材的建设与管理，把握选用教材的政治性、科学性、思想性，确保社会主义核心价值观进教材、进课堂、进头脑，确保学生获取知识与技能。

1. 严格遵守教育部关于教材选用的规定

德育、语文、历史课必须选用国家统编教材，公共基础必修课程教材须在国务院教育行政部门发布的国家规划教材推荐目录中选用，公共基础选修课和专业课教材须优先在省级中职学校教材推荐目录中选用。

从育人角度看，教材选用要坚持思想性、科学性、适应性、启发性相统一的原则，确保高水平、高质量的新版优秀教材成为教材选用的主体。优秀教材和新教材的选用比例应逐年提高。优秀教材包括规划教材、获奖教材（如教材奖、教学成果奖、科技进步奖等）、教育行政管理部门的推荐教材以及特色示范教材。学校在遵循以上原则的基础上，优先选用知名出版社、著名作者的教材。

2. 积极开发和建设校本教材和数字资源库

学校重视校本教材的开发与建设，应充分发挥行业组织、行业职业教育教学指导机构的作用，在校本教材编写方面体现职业教育特色，注重吸收职教专家参与教材编审工作，注重教材编写理念，有意识地将学校的百年历史、爱国红色文化融于一体，着重解决课程思政、"1+X"书证融合、弘扬劳动精神与工匠精神、数字资源科配套等问题。教材出版要充分发挥示范出版基地的质量示范作用，教材选用要充分听取一线教师的意见，并统筹考虑教材特色等因素。

我校全面推进中等职业教育教材建设改革创新工作，增强教材的思想性、先进性、时代性、专业性，使其符合行业企业对高素质技术技能型人才的要求，彰显职业教育类型特色。

3. 优化呈现形式，坚持"知行合一"

教材突显学生的主体地位，针对不同课程的特点，设计真实、高效、具有挑战性的开放式学习环境与问题情境，设计系列活动来诱发、驱动并支撑我校中职学生的探索思考与问题解决。

大力支持开展新形态教材的研发、试点和推广工作，使教材内容保持较高的"技术跟随度"。重点支持体现工学结合、教学做一体化教学理念的特色专业课程教材的编写，使其能及时反映本专业最新知识以及新工艺、新方法、新流程、新规范和新标准。

目前，我校开发的校本教材，包括《红色教育读本》《经典诵读读本》《心理健康教育》《幼儿卫生与保健》等，拥有德育数字资源库。学前教育专业开发了拥有《学前儿童发展心理学》《幼儿园教育活动设计与指导》

《乐理》《幼儿舞蹈训练与幼儿舞蹈创编》等14门课程的学前教育数字资源库；汽车运用与维修专业编写了校本教材《发动机构造与拆装》《车身修复实训》，正在建设新能源汽车资源库；电子技术应用专业（智能家居方向）编写校本教材《智能家居工程技术》，并进行5门专业课程的教学资源建设；电子商务专业编写校本教材《网店客服》，完成《电商美工》《网店运营与管理》《新媒体运营》《商品摄影与图片处理》等4门专业技能核心课程的教学资源库建设。

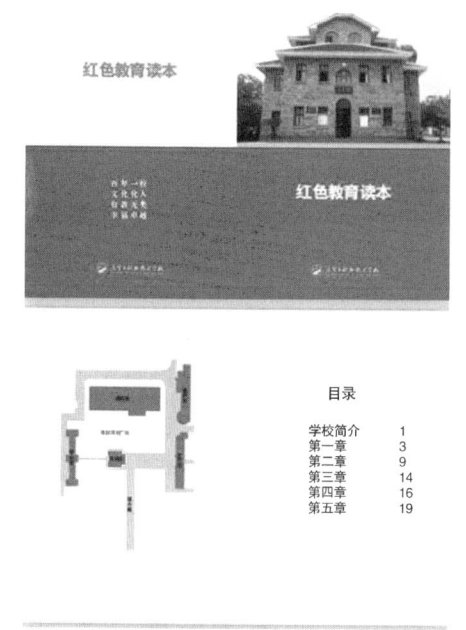

图4-8　百年校本教材《红色教育读本》　　图4-9　学前教育专业数字资源库

（三）加速发展布局的多媒体环境

教育的多媒体信息化是教育现代化的重要标志。我校联合多方面资源，在专家指导下，充分论证，精细谋划，不断增加投入，以打造信息化应用环境、培育信息化应用理念为目的，充分发挥各种多媒体的课程文化功能。

（1）打造一中心多平台信息化服务模式。我校根据自身需求和信息化建设规划，建设校本数据中心。该中心实现了精准控制、全面覆盖、边界安全、压力承载、综合运行的统一管控功能，通过5台核心虚拟服务器搭载了全校10多个子系统，包括数据资源库、校园电视台、业务综合系统、技能大赛竞赛平台等信息化服务系统。

（2）我校在炳文楼共建立10间智慧教室，分别安装了锐学堂和醍摩豆管理软件，可提供课前、课中、课后的学习管理新模式。这些智慧教室配有平板电脑80台、平板电脑充电柜10个，以及应答器、无线AP器，主要服务于语数外等文化学科一定规模的混合模式教学和培训，应用场景主要体现于示范课、教研课、教学比赛、升学班文化课考级培训等。

图4-10 智慧教室

（3）我校精心打造现代化校园电视台、影视直播间和影视制作中心，能提供在线课堂、视频音频编辑合成等功能。智能录播教室具备智能录像等综合化功能，是目前学校针对信息化教学和校本教研的最强大、最成熟的平台。

图4-11 影视直播间

图 4—12 影视制作中心

（4）我校安装了覆盖所有教学区域的电子白板一体机。全校共有电子白板 86 台，目前已全面应用于所有教学班级的日常教学、班团活动、德育课堂等课程场景。

（5）我校拥有 9 个计算机实训机房，共有计算机 400 余台。

（6）我校建设了智慧图书馆，学生可以通过身份验证和手机 APP 借阅书籍。"以学生读者为中心"，"创新"地提供服务，在教育中具有高效化、可定制、多元化的特征。在教学管理中发挥出图书馆辅助教育教学功能，改进了学生获取知识的方式，体现了人文和技术相结合的功能。

（7）我校拥有覆盖全校各处科室和教学办公区域的信息化设备和管理平台，信息化管理手段的应用使得管理理念逐步更新、管理效率稳步提高。

二、学校课程制度文化

课程文化的制度形态包括基本的教学计划文件、教师课程教学工作制度和学生的课程学习制度。良好的制度形态课程文化能保证好的教风和学风，也能促成师生形成良好的行为规范。

我校通过百年教育人的辛勤耕耘，不断地实践、总结，制定了符合我校实情的课程制度，贯穿于课程设置、开发、实施和评价各个环节。在不断施行的过程中，我们坚持与时俱进，符合教育实际和学生发展需要，不断调整与完善，形成了具有独特风格的课程制度文化。

（一）常规教学文件的制定与施行

我校严格遵照教育部《关于制定中等职业学校教学计划的原则意见》的要求，按照"坚持以就业为导向；坚持德育为先；坚持做中学、做中教；坚持工学结合、校企合作、顶岗实习的人才培养模式；坚持统一性和灵活性相结合"的基本原则，在充分调查研究和论证本专业职业岗位需求的基础上，结合本校的实际情况，吸纳有关企业专家合格用人单位的意见，科学合理制定和施行《关于制订实施性教学计划的基本要求》《关于学科课程标准（教学基本要求）使用和制订的规定》《关于"四表一志"制定和使用的规定》等常规性相关教学文件。

（二）课程思政制度化

中职学生是我国未成年人的重要组成部分，是我国未来产业大军的重要来源。中职学生的思想道德教育直接关系我国产业大军的素质，关系国家和民族的未来。

我校非常重视课程思政，要求所有教师在教案撰写、教学实施、课外活动开展中必须体现课程思政。在充分发挥德育课主渠道作用的同时，根据公共基础课和专业技能课的不同课程教学特点，落实各学科思想道德教育任务要求，结合教学内容对中职学生进行爱国主义、社会主义、中国近现代史、基本国情、民族团结的教育；进行科学精神、科学方法、科学态度的教育；进行团结协作和坚韧不拔精神的教育；进行审美观念和审美情操的教育；进行敬业、乐业和创业精神的教育，寓思想道德教育于学校教育教学全过程。

我校安排足够的时间开展丰富多彩、特色鲜明、吸引力强的各种思想道德教育活动，努力拓展新时代、新形势下中职学生思想道德教育的有效途径。

（三）实习实训制度化

实习实训等实践教学环节（含顶岗实习）是专业技能课程教学的重要内容，是培养学生良好的职业道德，强化学生实践能力和职业技能，提高综合职业能力的重要环节。

我校大力推行工学结合、校企合作、顶岗实习，与企业共同组织好学生的相关专业理论教学和技能实训工作，处理好学生"工"与"学"的关系，保证学生顶岗实习的岗位与其所学专业面向的岗位群基本一致。在确保学生实习总量的前提下，根据实际需要，集中或分阶段安排实习时间。

我校认真执行教育部《中等职业学校学生实习管理办法》的有关规定和要求，制定了《遂宁市职业技术学校实习管理办法》《遂宁市职业技术学校关于实践教学的基本要求》等制度。

学生顶岗实习期间，我校选派指导教师到实习单位全程参与实习管理和相关服务工作，建立学生实习管理档案，定期检查实习情况，处理实习中出现的有关问题，确保学生实习工作的正常秩序。同时，要求实习单位有专门人员负责学生的实习工作，推荐有经验的技术或管理人员担任实习指导教师。

图4-13 我校学生到鑫海汽车有限公司跟岗实习

（四）课程评价制度化

为深入贯彻《教育部人力资源社会保障部财政部关于实施国家中等职业教育改革发展示范学校建设计划的意见》精神，建立以能力为核心的学生评价模式，构建学校、行业、企业、研究机构和其他社会组织等多方共同参与的评价机制，我校制定了《遂宁市职业技术学校关于学生学业评价模式改革的实施方案》。

该评价实施方案精心提炼出我校"三元四维二结合"的学生学业评价模式。"三元四维二结合"的学生学业评价模式主要包含三元：学生自评及小组互评、教师评价、企业评价；四维：理论课程评价、专业课程评价、技能课程评价、企业实习评价；二结合：过程性评价与终结性评价相结合。

1. 建立三元主体评价

建立由学生、教师、企业共同组成的三元评价主体。以工学结合理念为引领，遵从全面发展、个性发展和终身发展的基本规律，各专业形成特色教学模式，坚持评价主体多元化的评价原则。

（1）学生自评及小组互评

学生对自己所获取的知识、专业能力及素质提升等方面做出合理的评价。学生自评是对学校教育服务质量结果的反映，也是促进学校教学质量提升的参考因素之一。学生分成小组，以自主、合作、探究为主，通过小组成员互评加深交流，养成敢争会驳的思维习惯，锻炼合作沟通能力。

（2）教师评价

注重学生学习过程，帮助学生提高日常的学习兴趣，培养学生的学习主动性和合作学习精神，发展学生的个性。

（3）企业评价

聘请企业技术人员在实训项目实践与顶岗实习过程中，全程参与评价模式改革，考评包括学生的技能水平、出勤率、个人展示、小组活动表现和任务完成质量，反映学生的工作能力、工作态度和思维活跃度。

2. 建立四维指标评价

四维指标以理论课程、专业课程、技能课程、企业实习四个可操作性的指标为评价内容。评价过程突出学生职业素养的考核内容，包括对学生的核心价值观、道德行为、职业意识、工作态度、心理素质、职业操守等进行评价。

3. 突出过程考核

在进行学生学业综合评价的同时，要充分体现出职业教育的职业性、社会性和实践性特点，突出过程考核评价，加强学生综合职业能力的培养。

（1）将学生核心价值观、道德行为、学习能力、合作能力等要素纳入评价体系，结合素质教育要求，在教学过程中考核学生的核心价值观、道德行为、学习方法、自主学习能力、合作能力等要素。

（2）考证记入成绩档案，各专业要求学生必须考取一个以上相关的职业资格等级证书或合作企业行业要求的职业资格证书，将学生获得以上证书情况记入学生成绩册。

截至2021年1月，该评价模式已经由电子商务专业、汽车运用与维修专业、电子技术运用专业（智能家居方向）三个专业拓展到全校所有专业。各个专业在学校"三元四维二结合"改革指导意见下，结合自身专业特点，制定了具有专业特色的评价模式。我校在推进课程评价改革的探索中，取得了良好的效果。

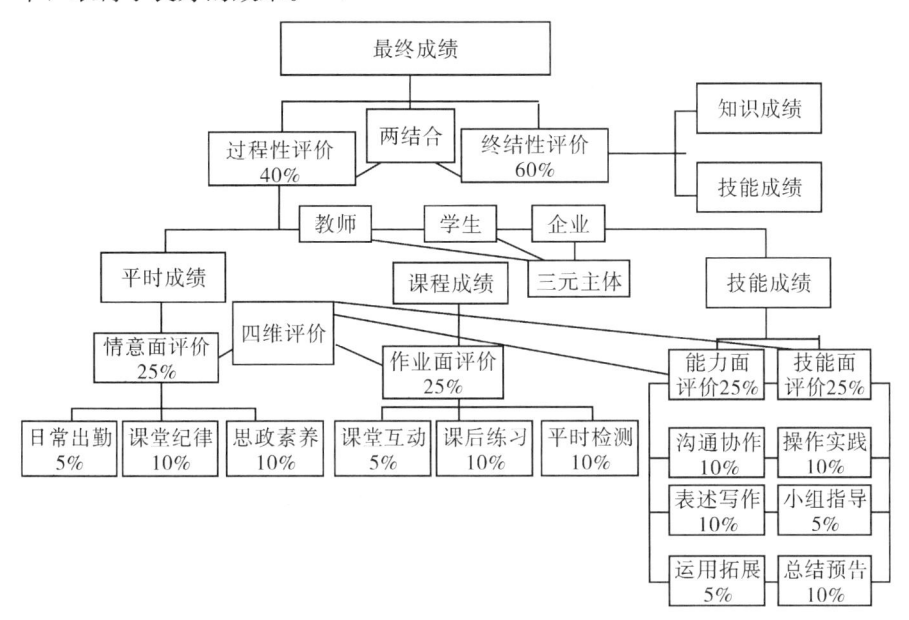

图4-14 汽车运用与维修专业的课程评价模式解析图

三、学校课程精神文化

学校课程精神文化对学生有激励和凝聚等作用，对职业学校师生具有持久的、无形的影响。每所学校都有各具特色的课程精神文化，它通常借助简洁而富有哲理的语言形式加以概括，并借助教风、学风、领导作风等形式加以形象地表达。职业学校学生的文化基础薄弱、缺乏自信心，容易产生厌学情绪。学生在课程文化中需要的是充满自信心的氛围，从而形成独有的职业修养和风度，具有在职业竞争中"非我莫属"的职业气概和精神勇气。

（一）学校得天独厚的精神文化

我校地处"川东巨邑""川中重镇"——遂宁市，这里环境优美，地理位置优越。学校始创于1914年，是一所百年老校，具有光荣的革命传统。历史长河中，省三师、省高农（四川省立遂宁高级农业职业学校）、县师校（遂宁县立师范学校）艰苦创业的伟大精神，彪炳后世；兢兢业业的教风和勤奋好学的学风，感染和熏陶了莘莘学子。他们跟随时代前进的脚步磨炼体魄，拓展心胸，负起播扬文化的责任，争做实现民主、推动社会前进的先锋。

其相楼、中山楼、炳文楼、科技楼、正华楼、弘毅居、远大路、诗莪路、静园、励园、怡园、校史陈列馆等无不透露着厚重的历史文化感，这也是经历百年沧桑变革后精神文化一代一代传承下来的印记。孙炳文、袁诗莪、苟鸣珂、苟祥珂等革命先驱的不朽业绩和革命风范，为后世学子树立了爱国求真的榜样，红色文化的种子因此在这座百年老校扎根发芽。

（二）学校课程精神文化的内涵

学校课程精神文化是一股无形的、内在的动力，推动着我校的发展。我校秉承"百年一校，文化化人，有教无类，幸福卓越"的办学理念，不断改革发展，注重学校课程精神文化对学生的影响，起到润物细无声的作用。"包容、和谐、勤勉、奉献"的学校精神凝聚着市职校人，教师勤于学习，刻苦钻研，奋发向上，艰苦创业，勇于探索课程改革新路子，争当学科项目带头人。"厚德、博学、精技、创新"蔚然成风气，学校富有活力的课程精神文化尤为突出。

1. 科学的知识观

随着"三教"改革的不断深入，我校结合自身的文化底蕴和职业教育的发展特点，摒弃以往有悖于素质教育要求和职业教育规律的教学理念，解决以往课程知识观存在的问题，如知识内容脱离学生的生活实际，难以反映现代科技、职业发展的新内容；部分专业知识学习以死记硬背、接受学习、机械训练为主，缺乏主动探究、积极参与、亲身实践等。我校经过一个世纪的历练与探索，确立了科学的知识观——现代职业学生的教育，不仅要将显性知识传授给学生，更要让学生学会学习、重树自信、厚德精技、不断发展。为此，我校着力于职业教育学生的综合素质培养，注重以学生为主体的行动导向、任务驱动等灵活的教学方法提升学生的专业技能。

2. 现代职业教育的教学观

职业教育教学观是指职业学校在开展职业技术教育过程中，对教学工作在整个教育教学过程中所坚持的基本教学理念、人才规格的基本认识、教学组织的基本策略、教学方案的设计原则、教学方法和手段的组织实施、教学评价的基本原则等方面的总体观念。我校坚持"以服务发展为宗旨、以促进就业为导向"的办学方向，以市场需求为导向，确立了现代职业教育观，注重从岗位和岗位群能力要求出发，根据岗位能力对课程进有机整合，及时将新技术、新工艺、新规范纳入课程标准和教学内容，优化人才培养方案，建立起职业教育的课程体系和教学观，符合现代职业教育改革发展，打造遂宁职教品牌。

3. 以人为本的学生观

我校倡导"以人为本的学生观"，要求教师尊重每一个学生的差异性，不能用同一标准来评价每个学生，力图使每一个学生都成为充满个性魅力的生命体。在教学过程中，要注重个性化教育和个性化教学，照顾学生的个性差异，为每个学生的发展提供有利条件，让学生充分发挥其独特的个性优势，以形成独立的个性。

学校教师坚持把学生看成是独特的人。独特性也意味着差异性，差异不仅是教育的基础，也是学生发展的前提，应视之为一种财富而珍惜开发，使每个学生在原有的基础上都得到完全、自由的发展。要想学生接受教师的教导，就要把学生当作不以自己的意志为转移的客观存在，使自己的教育和教学适应学生的情况、条件、要求和思想认识的发展规律。教师不但不能把自己的意志强加给学生，而且连自己的知识也不能强加给学生，不能满堂灌，因为这样既没有尊重学生的主观能动性，也会挫伤学生的积极性、主动性，扼杀他们的学习兴趣，禁锢他们的思想，从而引起他们自觉或不自觉的抵制或反抗。一个世纪的教育历程，我校教师深知"以人为本的学生观"在教学中的重要意义，它同时也是课程精神文化的要素之一。

4. 职教课程资源观

传统的课程资源观认为，教师的职责仅仅是教好课本，教好课本是教师的首要任务，因而大家把教材看得格外重要，花费了大量时间去钻研教材。随着职业教育理念的更新和信息化社会的快速发展，学校积极推进教育教学改革，摒弃落后的课程资源观，构建符合实际的现代职业教育课程资源观。2020年，随着中等职业学校公共基础课新课程标准的陆续出台，我校结合实际，对专业课程标准进行了新一轮的修订，对如何用好教材，做出了指导性的意见，要求所有教师必须树立正确的课程资源观，树立"用教材教"的意识，而不是仅仅教教材。教师要学会开发课程资源的能力，在新的课程资源观背景下，一要明确教材是最基本的课程资源；二要明确生活是最广阔的课程资源；三要明确教师是最独特的课程资源；四要明确学生是最重要的课程资源。我校的课程资源观牢牢把握职业教育特色，在学校厚重的红色文化精神的引领下熠熠生辉。

5. 优良的学校文化传统、校风

我校有着深厚的文化积淀，校园里的一砖一瓦都诉说着这所百年老校的优良传统文化。早在建校（原省三师）之初，朱德同志的挚友孙炳文到校教国文，他介绍西方文学流派、宣传民主革命思想，成为遂宁民主进步思想的启蒙者。1915年12月，袁世凯改国号为"洪宪"，举行登基大典，妄图复辟帝制。全国革命志士奋起讨袁，我校校长袁明江支持进步学生袁诗荛、唐守愚等20人投笔从戎，到顺庆参加讨袁义师。1916年初，我校又掀起了反对"罢免校长，解聘进步教师，无理斥退从军学生"的大学潮。这是遂宁民主革命运动的先声。当时已在成都读书的袁诗荛是这次运动的发起者和组织者。此后30多年，在国内革命战争和民族解放战争的战斗历程中，我校涌现出几十名中共地下党员和中国民主同盟盟员，他们并肩战斗，组织读书会传播马列主义，组织学生运动同法西斯独裁统治做斗争，谱写了遂师学运的壮丽诗篇。我校的百年发展史通过校史陈列馆，以时间为线条，展示了学校的沧桑巨变。我校的校园文化建设也彰显了红色文化的影子，其优良传统文化并没有因为时间的推移而消失，而是被一代又一代传承了下来。

经过百年沧桑巨变，在红色文化的熏陶下，我校形成了"文明、守纪、务实、奉献"的校风，在100多年的办学历程中，为国家培养和输送了3万多名合格毕业生。

6. 校训体现出核心价值观

校训是一所学校的灵魂，是师生共同遵守的行为准则与道德规范。校训集中反映了学校的办学宗旨和历史传统，是学校治校精神、办学理念的高度浓缩，是学校师生精神风貌和价值追求的精确表述。校训传承着中华优秀传统文化，蕴含着社会发展进步的时代要求，是学校培育和践行社会主义核心价值观的重要切入点。我校"厚德、博学、精技、创新"的校训，体现出社会主义核心价值观，引领莘莘学子德技兼修、成长成才。

（三）学校课程精神文化的建设

课程精神文化是课程文化的核心，是全校师生所认同和具有的意识形态和价值观念。对学校而言，课程精神文化引领课程物质文化和制度文化建设，有什么样的课程精神文化就有什么样的物质文化、制度文化与之相匹配。它决定着学校育人的导向与品位，也是学校核心竞争力的一部分；对教师而言，课程精神文化是教师在教育教学活动中的关键，是教师人才观和教育观的重要组成部分，与人才培养质量的高低密切相关；对学生而言，课程精神文化对于良好教风、学风的形成有着非常重要的影响，能够潜移默化地扎根于学生内心，影响学生今后的发展。课程精神文化的建设需要一个长时间的过程，因此，课程精神文化也是课程文化中最难改变和撼动的深层文化。

1. 课程精神文化对接企业文化

现代企业对招聘员工的要求和以往不同，现在对员工的标准并不仅仅看重其具备一定的专业技能，同时要求员工具备爱岗敬业、诚实守信、团队合作、沟通协调、开拓创新等职业素养。诚然，专业技能通过教师的教和学生的实践练习比较容易习得，但职业素养单靠教师教是很难获得的，只有在校企共建的课程文化中慢慢地熏陶和培养。为此，我校除了在学校环境中营造出融行业、企业元素的企业文化外，还根据各专业特点，在日常教育与管理中聘请企业兼职教师和行业师傅入课堂，邀请行业精英和管理人员将企业文化引入校园，在潜移默化中运用优秀的企业文化润物无声地去引导与影响学生。

2. 坚持以人为本的育人理念，提升人才培养质量

"课程文化建设的目标是，以构建学习者全面发展的、具有教育意义的课程体系为基础，确立科学与人文相结合的课程文化观，积极进行关注学习者的完整人生、完整心灵世界的课程文化建设，构建体现合作、对话、探究的课程文化。"具体到课程文化建设中，中职教育的目标是培养高素质的初级技术技能型人才。人才的高素质一般包括以下几个方面：首先是心理的高素质。也就是说，我校在培养学生专业技能的同时，同样重视学生价值观、人生观、世界观的养成和构建，使其形成健康的人格，具备较强的心理素质和社会适应能力，能够正确对待人生的低谷和巅峰。其次是生理的高素质。即拥有健康的体魄和充沛的精力，在面对国家、社会的需要和召唤时，既要有心，也要有力，能出色地完成任务。最后是技能学识的高素质。中职学生走上工作岗位后，理应成为专业领域的行家里手，富有创新精神和创新能力。这都有赖于他们在校期间所习得的知识和技能。

上述三方面的培养在很大程度上都需要落实到课程文化中去。这就需

要学校在课程体系构建中多方考量，坚持以人为本的育人理念，全面提升人才培养质量，使学生养成完善的人格，掌握相当的科技知识，具备较高的人文素养，形成健康的职业心理，并具备终身发展的能力。

3. 坚持以促进就业为导向，提升课程品质

"以服务发展为宗旨、以促进就业为导向"是我国职业教育的发展方针。我校以国家职业教育发展为导向，以学生的就业、创业引导教育和教学，并将就业创业教育贯穿在教育的全过程。首先，在课程设置上，我校从办学宗旨和培养目标出发，立足于学生就业和创业能力的提高以及学生继续深造的意愿。同时，调整传统的文化课和专业课，加强专业技能实训课，增设素质修养课程、心理健康辅导专题课和通用能力训练课程。其次，在课程内容上，我校构建以文化素养、专业技能为主的课程内容，强调专业学习与岗位能力的对接，使学生在校学习期间就能够通过课程学习掌握就业所必需的岗位技能。我校以学生需要、校本特色、区域发展为依据，体现职业教育规律，提升学校课程品质。

4. 坚持课程实用性，提升课程针对性

我校课程文化构建坚持实用性原则，这也是中职教育内涵建设与发展的要求。我校在课程内容上以国家中等职业学校专业教学标准为蓝本，坚持以必需、适度为基本原则。同时，注重调研，要求一线教师深入实际，实地了解目前一线岗位对知识的需求以及知识的变动更新，及时更新课程内容，剔除过时的、盲目拔高的知识内容，让学生学到实用的新知识、新理论、新技能、新方法、新工艺，提升课程的针对性。另外，还注意课程的适度前瞻性，考虑到学生职业生涯发展的需要，避免将实用性狭隘地理解为庸俗实用主义和过度功利化的倾向。

5. 坚持课程实践性，多方联动提升课程与实践的融合性

职业教育的目标是培养学生就业所需的职业能力，而以学科课程为主线的课程模式已经不能适应这一目标定位。学科课程强调学科体系的完整性，偏重于理论学习，理论与实践脱节。对中职学生来说，其实用性和针对性不强。因此，我校课程文化建设注重理论联系实际，开发理实一体化课程。要做到这一点，需要政、企、校的多方联动，通力合作。首先，中职教育实践性的课程文化主要是通过产学结合来实现的，就政府层面而言，需要制定相关的法律法规来确立职业教育的应有地位。其次，就企业而言，产学结合目前还不够深入。企业应认识到人才培养不仅仅是学校单

方面的事，参与校企合作是企业应有的社会责任，对于培养高素质技术技能型人才以及推进区域经济发展具有深远的意义。很多企业在抱怨招收的毕业生能力水平不达标的时候，却没有对自身参与人才培养身份的缺失进行反思。其实，只有企业积极参与校企合作，才能从整体促进人才培养模式的改变，培养适销对路的人才，从根本上提高人才的培养质量。最后，就学校而言，要消除"等靠要"的思想，不能坐等政策到位，要积极寻求出路。

我校积极转化科研成果，为企业量身定制培养适用人才，帮助企业实现管理创新与技术创新；积极探索人才互聘和流动机制，推行教师下企业和企业师傅进课堂。我校与企业共同进行专业建设，共同开发理实一体化课程，开发课程标准，提升课程的实践性和有效性。而且，我校积极联系行业协会，发挥行业协会在企业中的引领作用，协调企业与学校的关系，使产学结合进入良性循环的轨道。

我校在课程精神文化建设时兼顾个性与共性，在以人为本、与时俱进进行全员教育的同时，把握中职课程文化的实践性、职业性与实用性，加强课程与岗位能力需求的对接，提升课程品质，提高人才的培养质量。

第二节　学校课程改革的实施

坚持以习近平新时代中国特色社会主义思想为指导，以立德树人为根本任务，为贯彻全国教育大会精神，落实《国家职业教育改革实施方案》，深化中等职业学校课程改革，培养德、智、体、美、劳全面发展的高素质劳动者和技术技能人才，我校开齐开足开好公共基础课程、专业核心课程、专业技能课程，深化教师、教材、教法改革，不断提升人才培养质量，形成三全育人新格局。

一、学校公共基础课程改革的实施

公共基础课程是中等职业学校课程体系的重要组成部分，是培养学生思想政治素质、科学文化素养等的基本途径，对于促进学生可持续发展具有重要意义。

目前，中职学校普遍面对的学生情况是：学校的学生大部分都是文化水平不高的初中毕业生，来自农村的孩子占多数，且大部分是留守儿童，另外还有一部分学生来自单亲家庭。这样的群体普遍自卑感严重，反抗性强烈；思想意识活跃，但学习动机缺失；渴望得到认可，但人际关系障碍；自我意识增强，但自控能力不足，等等。其具体表现为无事生非、打架斗殴、顶撞老师等。目前，大部分中职学校、专业没有开设好公共基础课，尤其是公共艺术和历史课程；从学校到老师再到学生，对语文、数学等其他公共基础课都不够重视。

（一）公共基础课的定位与作用

我校贯彻《教育部关于职业院校专业人才培养方案制订与实施工作的指导意见》要求，在公共基础课的改革实施过程中主要落实以下四个方面的任务：

一是开齐课程。根据国务院颁布的《国家职业教育改革实施方案》，中等职业学校公共基础课分为必修课程、限定选修课程和任意选修课程。其中，必修课程是所有学生必须全部修学的，包括政治、语文等10门，共计48学分，10门课程必须开齐；限定选修课程是国家根据学生职业发展的需要安排内容，可根据人才培养需要选择具体课程、安排教学，所有学生必须修满规定学分，包括中华优秀传统文化、劳动教育等，共计15学分；任意选修课程是根据学生继续学习和个性化发展的需要安排内容，包括国家安排内容和学校自主安排内容，没有规定学分，但应积极开设。

二是开足学时。按教育部的实施方案规定，中等职业学校公共基础课程的学时一般占学时的1/3，不低于1000学时。原则上，每学时按45分钟计，18学时为1学分。各学校可根据专业人才培养需要，在规定的范围内适当调整，但须保证学生修满规定学分。

三是教育引导学生崇尚劳动、尊重劳动。规范劳动课程，要求每个学生在校期间必须参加内务、校园环境卫生等劳动，鼓励参加社会服务活动。

四是开设历史、书法等课程，推动中华优秀传统文化融入教育教学，加强革命文化和社会主义先进文化教育。深入美育教学改革，促进学生身心健康，提高学生审美和人文素养。

（二）公共基础课的教学改革

我校按照教育部有关教育教学的基本要求和课程标准中提出的教学要求，坚持立德树人，按照德、智、体、美、劳全面发展的目标定位，公共基础课教学重在改革教学方法和教学组织形式，以学生为中心，广泛应用学教并重的教学方法，充分调动学生学习的主动性和积极性，突出教学的生活性、整体性、融合性、实践性和体验性，不断创新教学手段和教学模式，全面提高学生综合素质，培养学生的学科核心素养。

在课堂教学实施中，一是体现新精神、新要求。以习近平新时代中国特色社会主义思想为指导，落实立德树人根本任务，体现了关于德、智、体、美、劳全面发展的培养目标要求。贯彻职教20条新部署，明确公共基础课课程内容和要求，体现新知识、新技术。

二是凝练学科核心素养。立足专业学生的实际情况，挖掘不同专业公共基础课程的独特育人价值，凝练学科核心素养，明确学生应达成的正确价值观念、必备品格和关键能力，精选课程内容，精心编写教学设计，活跃课堂教学氛围。

三是明确学业质量要求。根据课程培养目标，结合学情特点，提出学业质量要求，在教学中更加关注育人目的、注重培养学生核心素养、提高学生解决问题的能力。

四是体现阶段共性要求。适应新时代对国民素质的新要求，充分发挥公共基础课育人优势，加强学生文化基础，着力发展学生的核心素养，增强学生的理想信念、社会责任感和工匠精神，帮助学生塑造正确的人生观、是非观、价值观，提升科学文化素养、终身学习能力、自主发展能力、沟通合作能力，全面提高学生的综合素质，为学生的终身发展奠定坚实基础。

五是彰显职业教育特色。公共基础课程应遵循技术技能人才成长规律，适当采取"基础模块为共性要求，拓展模块（职业或专业课程结合内容）满足学生继续学习与个性发展需要"的形式，注重教学内容与社会生活、职业生活的联系，利用或设置职场情境，突出实践取向；注重有机融入职业道德、劳模精神、工匠精神教育，培育学生的职业精神；注重与专业课程相互配合，形成协同育人合力。

二、学校专业课程改革的实施

（一）学校专业课程的改革实施

1. 专业定位

我校的专业定位是以职业岗位工作，对知识、能力、职业道德和职业素质结构要求，实行"校企合作、工学结合"的人才培养模式，培养德、智、体、美、劳全面发展，具有相应的文化水平与素质、良好的职业道德与创新精神，掌握专业技术领域的专业知识，具备相应实践技能以及较强的实际工作能力，能熟练进行实训设备操作的新时代技术工人。以职业岗位的知识和能力要求设置课程与教学内容，充分发挥"校企合作办学，主动服务社会"的优势，坚持走产教结合、校企合作共育人才的道路。

服务面向定位：坚持依托制造业行业，立足遂宁，面向成渝，为区域经济和社会发展服务。

2. 专业教学现状分析

（1）中职学生学习缺乏积极性

受生源的影响，绝大多数中职学生是在普通教育中未取得较好成绩才进入中职学校学习的，因而在学习观念上较为淡薄，学习兴趣不浓，学习积极性不够，同时对自己也缺乏严格要求，缺乏良好的学习习惯。据调查，一部分学生表示，选择汽修专业是父母的要求，本身对专业的兴趣不大，对专业的市场发展和需求也认识不够，没有明确的学习目标和努力的方向。

（2）教学设施设备欠完善

教学设施设备欠完善。实训工位不足，不能实现小班化教学；高水平的专业教师欠缺，特别是引进企业的能工巧匠较少。教学方法有待变革，仿真实训室建设未完善，信息化教学手段应用不够深入，专业资源库稀缺，抽象讲解。简单的PPT教学效果和效率均不能满足教学要求，未与企业技术骨干深入探讨课程体系改革。

3. 市场调查

（1）学生在学校内所学习的专业技能缺乏社会实用性，与生产实际结合不够紧密，专业技能的学习不能与企业生产接轨。

（2）部分学生不能以积极的、正常的心态面对社会，对社会缺乏了解，对自己缺乏足够的认识，个人的素质有待提高，职业道德和责任心不足，眼高手低，站在这山望那山高，就业稳定率低。企业要求的不是简单的操作工，而需要具有一定的职业综合素质和较好的职业发展基础的人才。

（3）一些大公司的就业门槛过高，一般都要求本科以上学历。在学历上，中职学生就已失去了绝大多数著名企业公司的准入资格。准入门槛较低的小企业在用人制度方面存在缺欠，待遇较低，缺乏人才培训机制，易造成跳槽等不良现象。

（4）企业对员工的要求，一是吃苦耐劳精神、团队协作能力和高尚的企业道德，二是专业技术水平、处事能力和创新能力；而学校对学生的培养只注重技能。

（二）专业课程内容改革

针对我国中职教育的现状及市场经济发展的实际，学校应基于"学生为中心，实践加理论"的原则推进专业教学改革，真正达到"教室和车间统一，学生和学徒统一，教师和师傅统一，理论和实践统一"的改革要求；建设规范的、标准的、先进的实训基地，培养出高素质、现代化的技术型、服务型的专业人才。

学校在学生专业能力的培养中，每一项能力均有相应的专业课程来实现。也就是说，专业课程中的每一门课程都有相应的培养专业人才能力的作用，在日常教学中如何将课程的这种作用与能力充分发挥出来，需要依据人才培养方案，结合各专业所制定的课程体系改革实施方案进行部署实施，同时也要满足一些基本的实施条件。

1. 持续有力推进优质课程建设

将专业课程建设分为合格课程、优质课程和精品课程三级，推进专业课程优质化。

（1）合格课程

合格课程建设是课程建设的基础性工作，达到合格课程标准是对课程建设的最基本要求，各专业必修课程必须全部达到合格要求。合格课程由专业部负责建设。

（2）优质课程

优质课程建设的目的是以合格课程建设为基础，使达到合格课程标准的课程进一步提高建设质量。优质课程由教务处和专业部两级共同负责，重点建设。

（3）精品课程

推进精品课程建设，提升我校课程建设水平，带动其他课程建设。精品课程建设要做到高起点、高标准、高要求，体现先进性、科学性和示范性。精品课程以优质课程为起点，由学校和教务处两级共同负责，重点建设。

2. 专业课程融入课程思政

（1）课程内容改革

为了学生之后更好地发展，学校要不断深化学生的专业课程内容，使学生所学习的知识能够做到与时俱进。并且，学校教师还应该以"能力本位"观为教学主导，不断地吸收其他课程中的长处，纳为自用，不断结合社会、企业以及学生以后职业的动态需求，适时更新教学内容，从而最大限度地满足企业和学生的发展性需求。

学校在进行专业课程体系建设时，以未来学生企业岗位应具备的能力的依据，培养学生各方面的综合能力，为学生设立相关的课程，摆脱"学科本位"的课程思想，重新整合这些课程。而且，学校应多方面、多层次地与企业进行联系，聘请企业的管理者进行专业课程的设置，或者是聘请管理者作为教师面向学生授课，使学生更好地了解未来市场的人才需求。所设的专业课程要逐渐变为以培养学生能力为主，以能力为中心，淡化那些公共基础课和专业的界限，使学生能够成为拥有综合素质的人才。

学校尽可能地使理论和实践一体化，让学生能够将课堂上学到的理论很好地运用到实践中，而不是像以往一样只注重讲解理论。对于学生而言，这些理论如果只是书本上的一行字，那学生在之后的工作中便不能很好地运用它们，也就无法获得更好的发展。

为了督促学生学习，我校在现有的多元化评价模式上，完善考核内容，建立行之有效、可落实性强、易推广易操作的高质量评价体系。

（2）专业课课程思政的深化

习近平总书记在全国职业院校政治工作会议上强调："要用好课堂教学这个主渠道，思想政治理论课要坚持在改进中加强，提升思想政治教育亲和力和针对性，满足学生成长发展需求和期待，其他各门课都要守好一段渠、种好责任田，使各类课程与思想政治理论课同向同行，形成协同效应。""课程思政"则是对上述指导思想的响应。学校明确要求，各个教学中必须融入思政教育，将思想政治教育与专业知识教育相互统一，围绕"知识传授与价值观引领相结合"的课程目标。

三、教学设计案例

（一）牢固树立"立德树人"目标

在《二手车鉴定与评估》课程建设过程中紧紧围绕立德树人的根本任务，以理想信念教育为核心，以社会主义核心价值观为引领，以德、智、体、美、劳全面发展为关键，立足学校"厚德、博学、精技、创新"校训，贯穿"红色基因、工匠精神、创新观念"主线，深入挖掘、拓展课程思想政治元素，充分发挥课堂育人主渠道作用。

(二)精心设计课程教学内容，深度融入思政元素

重点围绕《二手车鉴定与评估》课程教学目标、教学资源、教学内容、教学方法与手段、教学评价、特色创新等方面发挥深化和拓展作用，在知识传授中强调主流价值引领，将习近平新时代中国特色社会主义思想、社会主义核心价值观、家国情怀、法制意识、社会责任、文化自信、人文情怀、工匠精神等思想政治元素有机融入课程教学，在课程相关章节专门融入其他课程很少涉及的社会主义核心价值观，具体设计方案如下：

1. 课程整体思政元素的融入

表4-1 课程整体思政元素的融入

课程构成	思政元素	
理论课程	绪论	家国情怀、时代使命、职业担当、职业责任
	其他章节	民族精神、时代精神
实践课程	社会主义核心价值观、工匠精神、职业道德和职业精神	

2. 课程章节思政元素的融入

表4-2 课程章节思政元素的融入

序号	教学单元	学时	教学内容及要求	学时分配	授课要点	思政元素融入点
1	单元一：旧机动车基础信息查询	2	教学内容：做到查验有法必依 教学要求：掌握查验方法	2	(1)主要讲述旧机动车评估人员的岗位职责和工作岗位认知 (2)旧机动车性能鉴定	依托"国内旧机动车的现状与发展趋势"这一教学内容，将职业操守和工程伦理道德操守教育融入课堂教学，引导学生树立良好的安全意识和职业道德意识，激发学生的爱国情怀和家国情怀，帮助学生明确作为新时代的焊接从业者需要担负的职业使命和时代使命

续表4-2

序号	教学单元	学时	教学内容及要求	学时分配	授课要点	思政元素融入点
2	单元二：旧机动车性能鉴定	6	教学内容：主要利用车辆性能动态和静态检查、事故车辆查验与判定等作业项目 教学要求：掌握事故车辆查验与判定等作业项目	6	(1) 旧机动车综合实训项目，根据实训车辆情况进行实际旧机动车工作，独立完成评估报告撰写 (2) 旧机动车市场调查 (3) 旧机动车价格评估，利用企业实际案例和不同评估目的案例进行讲解 (4) 培养学生的爱国情怀、民族自豪感、文化自信	落实学生的职业行为教育，让学生在检测工作中做到公平、公开、公正；培养学生的创新意识，让学生做到公正、合理地履行岗位职责；融入"做改革创新的生力军"这一思政元素，引导学生基于专业理论，结合工作岗位需求，进行专业技术创新

（三）继续做强劳模育人特色，提升其在"课程思政"中的融合度和引领力

劳模（工匠）精神育人是《二手车鉴定与评估》实施"课程思政"建设中最鲜明的特色，也是贯穿于课程育人的一条红线。在学院大力建设焊接实训中心之际，课题组成员在建设省内焊接技术技能专家师资库的同时，将进一步邀请焊接专家走进校园、走上讲台、走进车间，用身边人感染学生，用身边事影响学生，进一步通过劳模育人方式加强并提升育人实效。

（四）加强教学资源建设，推进线上线下混合式教学模式

该课程于2018年采用"云立方"进行信息化教学尝试，有一定的教学经验。随着此次抗击疫情的需要，全校开展线上教学方式授课。课题组计划在今后的教学中尝试线上线下混合式教学，在理论教学环节充分利用APP互动软件、微课、线上教学等多样的教学方式，在实践教学中采用线下教学方式，丰富课堂教学环节和授课手段，以灵活、轻松、互动的方式，实现德育与知识的有机结合，推进课堂德育的展开，提升课程内容的授课水平，达到润物细无声的理想效果。

（五）预期成果、成果使用推广计划及预期效果

结合学校办学特点和教育规律，依托地域文化，结合学生成长成才需要，通过教学过程与德育融合的课程设计以及线上线下混合式教学模式探索，做好教学实施工作，调动学生学习的积极性，培养学生的科学素养、思想道德素养、爱国情怀；结合德育和思政工作能力提升，加强专业队伍建设，全方位打造有理想信念、道德情操、扎实知识和仁爱之心的教师队伍。通过线上教学平台课程建设，积极传播《二手车鉴定与评估》课程思政的教学方法和理念，使其成为焊接专业课程思政教育的一块重要阵地。

第三节　学校课程文化的探索与创新

根据教育部办公厅发布《关于加强和改进新时代中等职业学校德育工作的意见》的文件要求，我校以习近平新时代中国特色社会主义思想为指导，落实立德树人根本任务，以培养德、智、体、美、劳全面发展的社会主义建设者和接班人为目标，积极探索与创新学校课程文化。具体做法有：

一、校企共育文化

产教融合、校企合作是职业教育的基本办学模式，是办好职业教育的关键所在。为培养高素质劳动者和技术技能人才，培养担当民族复兴大任的时代新人，培养符合行业、企业要求，具有过硬技术水平和良好职业素养的技术技能人才，我校始终将"精益求精、严谨、专注、敬业、执着、创新"的工匠精神贯穿于整个教育教学工作之中，着力推动形成"产教融合、校企合作、工学结合、知行合一"的共同育人机制，要求一专业对应一企业，开展深度合作，发挥企业育人主体作用，在合作中共建专业、共享资源、共同发展，并从校企合作中汲取优秀企业文化，融入校园文化，全面提升学生的综合素养，搭建校企合作的"新桥梁"。

（一）校企文化融合的重要意义

1. 促进区域经济社会发展
2. 减低企业人力资源投入成本
3. 提高学校的办学竞争力
4. 帮助学生树立良好职业观

（二）校企共育文化建设实施的途径

产教融合是职业教育内涵发展的关键。我校在市委、市政府、市级主管部门《遂宁市深化产教融合实施方案》（遂府办函〔2019〕38号）的政策指导下，形成了"校企一体，学生共育，基地共建，资源共享，利益共赢，信息互通，双师互聘，优势互补"四共三互一体的产教融合模式。在教育教学中，我校紧紧围绕校企共建"机制、标准、平台"，以"运行有机制、建设有标准、融合有平台、育人有协同、集团有内涵、试点有成果"为统领，完善校企合作管理制度；建立"行业标准与规范""典型岗位标准""国家教学标准""培养标准""实践标准""人员标准""条件标准"七个层面的教学标准体系；通过学生订单培养、集团化办学和现代学徒制试点，达到校企协同育人的目的。

1. 建立校企合作长效机制

2020年5月10日，我校召开了校企业合作领导小组2020年度工作会议，领导小组在第一年的基础上调整、增补了"政府""中职"两个维度的专家，成立了以"政府、行业、企业、高校、中职学校"五位一体的校企合作领导小组，小组成员共计27人，包括1名政府主管部门领导、6家行业企业高管及技术骨干、2位职业院校专家。与会成员就学校校企合作三年规划方案及校企深度合作等方面开展了深入的讨论、交流。

校企合作领导小

图4—15 校企合作领导小组2020年度工作会议

组先后组织6次到国、省、市各级各类企业、高校、学校开展调研，共同制定《遂宁市职业技术学校校企合作管理办法》《校企合作制度汇编》等25个制度文件，为各专业开展校企合作提供了制度保障，形成了专业共建、人员互聘、成果共享的校企合作运行机制。

2. 校企共建教学标准体系

两年来，我校认真落实教育部发布的职业教育国家教学标准，结合学校实际情况，与合作企业加快建设教学标准体系，不断提高学校教学质量。同时，以"重点建设专业为试点先行，其余专业紧跟发展"为思路，校企双方共同组织开展关于行业市场对人才的需求、岗位能力的需求的调查调研22次，共同协商编制包含"行业标准与规范""典型岗位标准""国家教学标准""培养标准""实践标准""人员标准""条件标准"7个层面共158个制度标准，覆盖教育教学全方位。

图4—16 校企共建教学标准体系

三个重点专业［汽车运用与维修专业、电子技术应用（智能家居方向）、电子商务专业］通过行业企业、职业院校调研，了解行业企业发展现状及企业岗位能力要求，形成专业人才培养调研报告3份；结合国家教学要求及国家职业标准，校企共同修订专业人才培养方案，形成汽车运用与维修专业、电子技术应用（智能家居方向）与电子商务专业人才培养方案（修订稿）。根据人才培养方案，制定并完善三个重点专业课程标准37门，全校11个专业共计专业课程标准90门，学生职业技能评价标准11个，初步形成了专业建设标准体系。三个重点专业召开专业建设指导委员会研讨会议2次，对专业人才培养方案、课程标准、学生职业技能评价标准分别进行了论证研讨。

图4—17 遂宁市学前教育职教联盟工作研讨交流会

教学标准体现了以学生为中心的教学理念，注重激发学生的学习兴趣，形成了良好的课堂生态。教师根据标准确定教学目标、设计教学过程、组织教学内容、评价学生，也更好地体现了我校教师的专业态度和职业精神。两年来，我校毕业生"双证率"持续达到85%（中级工）以上，就业率均在98%以上，专业对口率和企业满意度不断提高，在全市中职生技能大赛上成绩持续领先，并在全省、全国也取得较好成绩。

3. 校企共建产教融合平台载体

（1）校企共建校内外实训基地

学校10个专业先后与18家企业（本地企业12家）签订校企合作协议，共建校内实训基地10个，校外实训基地17个，与企业共建平台、共享资源。

表 4－3 遂宁市职业技术学校校企合作协议书统计表

序号	专业	合作企业	合作模式	是否校外基地
1	建筑工程施工	四川尧顺建筑工程有限公司	顶岗实习	是
2	汽车运用与维修	四川申蓉汽车销售有限公司 吉利集团 遂宁市鑫海大众销售服务有限公司 京东京车会（成都八点天府汽车服务有限公司）	冠名订单模式	是
3	汽车整车与配件营销	四川申蓉汽车销售有限公司 吉利集团 遂宁市鑫海大众销售服务有限公司	冠名订单模式	是
4	计算机平面设计	成都三叠寰宇科技有限公司	识岗见习模式	是
5	电子技术应用	成都精沛科技有限公司	工学模式	是
		四川明泰电子科技有限公司	工学模式	是
6	物联网技术应用	成都精沛科技有限公司	工学模式	是
7	电子商务	江苏京东信息技术有限公司成都分公司	冠名订单模式	是
		遂宁之窗	创业实训	是
8	旅游服务与管理	遂宁首座酒店管理有限公司首座万豪酒店分公司	共建实训基地	是
9	美术设计与制作	四川顽美思享广告有限公司	识岗见习模式	否
10	学前教育	遂宁市船山区本杰明启智幼儿园 遂宁市星蕾幼教集团 遂宁市小天使幼儿园 遂宁市爱菲儿幼儿园 遂宁市博雅幼儿园 遂宁市美嘉国际幼稚园	顶岗实习	是
合计	10	18	6	

表4－4 校企共建校内、外实训基地成效统计表

基地类型	专业	实训基地/室	合作企业
校内	汽车运用与维修	车身修理	吉利集团
		奔腾车身修复	麦特汽车服务股份有限公司
		新能源汽车实训基地	自建
	电子商务	京东客服实训基地	京东
		创新创业工作室	遂宁之窗
	电子技术应用	电工电子实训基地	自建
		物联网智能家居综合实训	成都精沛科技有限公司
	学前教育	学前教育实训基地	自建
		保育员实训基地	自建
	旅游管理与服务	酒店服务技能实训基地	自建
小计		10	5
校外	汽车运用与维修	汽车维修	遂宁市鑫海汽车销售服务有限公司
		汽车维修	吉利集团
		汽车维修	京东京车会
		汽车维修	四川广汇申蓉集团
	电子商务	京东客服实训	江苏京东信息技术有限公司成都分公司
		创新创业工作室	遂宁之窗
	电子技术应用	物联网智能家居	成都精沛科技有限公司
		电子技术应用	四川明泰电子科技有限公司
	学前教育	学前教育实训基地	遂宁市船山区本杰明启智幼儿园
			遂宁市星蕾幼教集团
			遂宁市小天使幼儿园
			遂宁市爱菲儿幼儿园
			遂宁市博雅幼儿园
			遂宁市美嘉国际幼稚园

续表4-4

基地类型	专业	实训基地/室	合作企业
校外	旅游管理与服务	酒店服务技能实训基地	遂宁首座酒店管理有限公司 首座万豪酒店分公司
	计算机平面设计	计算机平面设计	成都三叠寰宇科技有限公司
	建筑工程施工	建筑工程施工	四川尧顺建筑工程有限公司
小计		9	17

图4-18 校企共建实绩

(2)建立健全校企人才、资源共享机制

一是共享企业培训平台。利用吉利集团、万博云教育咨询有限公司、厦门一课、成都精沛等企业平台的培训优势，我校先后组织教师5次参加企业培训，培训教师41人次。

二是共享企业标准和数字教学资源。吉利集团、成都精沛科技有限公司和京东为学校教学提供了企业员工培训标准，并提供了三套数字化课程资源和学习平台，共享企业技术标准。

三是共享师资。遂宁鑫海汽车销售服务有限公司提供专业技术师资6人作为兼职教师参与学生专业教学，安排一线师傅培训、考核学生岗位技能；京东集团派驻4名技术骨干，其中2人长期驻校承担"京英班"学生企业岗位培训和客服技能指导；成都精沛科技有限公司提供2名技术骨干到校参与教学。

（3）成立大师工作室，完善工作制度

遂宁市人社局等5部门联合发文，在我校设立了"王安安车身修复技能大师工作室"，认定汽修专业市级名师1人。工作室承担了课题研究、青年教师培养、全市技能竞赛技术规则制定、学校"1+X"考点考务等工作。

图4—19 "1+X"证书制度汽车专业领域汽车维修职业技能试点院校考评

图4—20 教学一览

4. 产教协同育人

一是开展订单、冠名班培养。将工学结合、知行合一贯穿教学全过程，促进学以致用、用以促学、学用相长。汽修专业与吉利集团签订合作协议，成立了"吉利精英班"；电子商务专业与京东（西南）公司签订合作协议，成立"京英班"；电子技术应用专业（智能家居方向）与成都精

沛科技有限公司成立"精沛订单班"。校企双方共同开发课程资源，企业兼职教师充分参与教育教学过程，形成产教协同育人的良好局面。

二是积极推进"校企人才"互聘机制，聘请合作企业高管、技术骨干共计12人到校给订单班学生授课，提升了学生的专业综合技能。

三是开展企业识岗、跟岗、顶岗实践教学。2020

图4-21 校企合作（现代学徒制）共同体成立

年，企业深入学校、课堂开展岗前培训、专题讲座、实训指导。校企协同管理，共同培养学生2170人次。我校派遣13名带队教师全程跟踪管理学生实习，产教协同育人的局面逐渐深入。

5. 推进集团化办学

为进一步实施人才强市战略，加快遂宁市职业教育的改革和发展，推动遂宁市职业教育走规模化、集约化、连锁化的办学道路，提高职业学校办学的社会效益，2020年7月17日，我校旅游管理与服务专业、学前教育专业分别牵头组织成立"遂宁市旅游职教集团""遂宁市学前教育职教集团"。首批自愿加入旅游职教集团、学前职教联盟的单位共35个。其中，行业协会2家、学校24家（含幼儿园）、企业9家。依托集团师资和企业设备优势，遂宁市旅游职教集团和遂宁市学前教育职教联盟围绕专业建设、课程体系、行业发展等分别开展研讨活动4次，参与人员达320人次；与23家学校开展了教学资源共享活动，涉及学生达2300余人；与3家企业（四川宋瓷、明星康年酒店、黄娥酒店）开展培训活动，帮助企业培训人员186人次。

2020年10月15日，我校加入由成都工贸职业技术学院牵头成立的智能制造中高职产教联盟，联盟单位涵盖四川中高职学校和企业共计27家。我校为联盟副理事长单位，将切实履行副理事长单位职责，努力推进"3＋2""3＋3""5＋0"等多种中高职贯通教育合作模式，并在专业建设、基地建设、师资队伍培训、招生就业、优质资源共享等方面开展广泛交流和合作，为联盟成员单位发布更多实惠政策和提供更多指导，共同为成都及四川区域经济社会发展培养出更多高素质技术技能人才。

表 4-5 职教集团成效统计表

集团名称	成员单位	主要活动
遂宁市旅游职教集团	遂宁市职成教学会	1. 2020 年 7 月 17 日上午，企业对旅游人才、保教人才的需求研讨 2. 2020 年 7 月 17 日下午，人才培养方案的修订 3. 2020 年 9 月 18 日上午，四川职业学院旅游教研室主任李巧义就中高职教育衔接开设专题讲座 4. 2020 年 9 月 18 日下午，开展国宝守护人传承中国记忆系列活动"金牌大师讲宋瓷"，邀请宋瓷博物馆金牌导游杨春艳与旅游专业师生进行分享 5. 与 3 家企业（四川宋瓷、明星康年酒店、黄娥酒店）开展培训活动，帮助企业培训人员 186 人次
	遂宁市职业技术学校	
	四川职业技术学院	
	安居职业高级中学校	
	射洪市职业中专学校	
	蓬溪县中等职业技术学校	
	大英县中等职业技术学校	
	遂宁市高级应用技术学校	
	射洪旅游职业技术学校	
	遂宁市旅游协会	
	遂宁市导游协会	
	明星康年大酒店	
	四川遂之旅 & 携程 & 百事通旅行社	
	遂宁市青年国际旅行社	
	港中旅中旅国际成部旅行社有限公司遂宁分公司	
	安居黄峨国际大酒店	
	熊猫王子酒店	
	遂宁广利工业发展有限公司（广德景区）	
	遂宁东涪投资有限公司（灵泉景区）	
	四川宋瓷博物馆	

续表4－5

集团名称	成员单位	主要活动
遂宁市学前教育职教集团	遂宁市职成教学会	1. 2020年7月17日上午，企业对旅游人才、保教人才的需求研讨 2. 2020年7月17日下午，人才培养方案的修订 3. 2020年9月18日上午，四川职业技术学院副教授龚光军就新形势下学前教育的发展开设专题讲座 4. 2020年9月18日下午，顺城街幼儿园园长翟英就新形势下幼儿教师的职业素养开设专题讲座 5. 与23家学校开展了教学资源共享活动，涉及学生达2300余人
	遂宁市职业技术学校	
	四川职业技术学院	
	遂宁市学前教育研究室	
	安居区职业高级中学校	
	射洪市职业中专学校	
	蓬溪县中等职业技术学校	
	大英县中等职业技术学校	
	遂宁市高级应用技工学校	
	遂宁市顺城街幼儿园	
	遂宁市北固幼儿园	
	大英县蓬莱幼儿园	
	遂宁市星蕾幼教集团	
	遂宁市美嘉国际幼儿园	
	遂宁市小天使幼儿园	
	遂宁市本杰明幼儿园	
	遂宁市博雅幼儿园	
智能制造中高职产教联盟	成都工贸职业技术学院	2020年10月15日，联盟单位就"3＋2""3＋3""5＋0"等多种中高职贯通教育合作模式、专业建设、基地建设、师资队伍培训、招生就业、优质资源共享等方面开展交流与探讨
	遂宁市职业技术学校	
	乐山市第一职业高级中学	
	简阳市高级职业中学	
	眉山工程技师学院	
	德阳安装技师学院	
	开江县职业中学	
	四川省服装艺术学校	

续表4—5

集团名称	成员单位	主要活动
	德昌县职业高级中学	
	眉山电子职业技术学校	
	成都青苏职业中专学校	
	成都市机械高级技工学校	
	泸州市江阳职业高级中学	
	四川省东坡中等职业技术学校	
	四川省宣汉职业中专学校	
	成都石化工业学校	
	四川锅炉高级技工学校	
	成都电子信息学校	
	宜宾市工业职业技术学校	
	江油市职业中学校	
	绵阳市游仙职业技术学校	
	双流建校	
	四川信息职业技术学院	
	四川省剑阁职业高级中学	
	四川理工技师学院	
	汽车职校	
	成都艾博智机器人技术有限公司	
合计	3个集团/64家成员单位	4次/455人

图4－22 遂宁市旅游服务职教集团、学前教育职教联盟成立

6. 现代学徒制试点

我校作为四川省第二批学徒制试点学校，汽车运用与维修专业构建了由高职院校、企业、学校、学生共同参与的共同招生、共同育人、定向就业的"四方三目标"校企合作育人机制。我校汽修专业与遂宁鑫海大众汽车销售服务有限公司开展学徒制培养，招生招工一体化，双师共育，资源共享。2019年，第一批试点班30名学生已通过企业技能考核入职；2020年，第二批学徒制班已经组建，学徒制培养正在常态化行进。

我校与遂宁鑫海汽车有限公司就现代学徒制试点工作继续进行摸索、探讨，共同制定实施方案和现代学徒制人才培养方案，校企共同实施学生评价工作，完成《汽车底盘构造与拆装》等14门的课程标准制定，做好了校企一体化招生招工，并进行了工作总结。通过学徒制试点，校企共同修订了《现代学徒制试点工作实施方案》（修订稿）、《现代学徒制人才培养方案》（修订稿）、《现代学徒制师傅标准》（修订稿）、《教师互聘制度、考核奖励办法》（修订稿）、《学徒制学生考核评价方案》（修订稿）、《校企一体化招生招工制度》（修订稿）等一系列工作制度。

（三）校企共育文化的成效

经过不断探索，我校形成了校企一体、学生共育、基地共建、资源共享、利益共赢、信息互通、双师互聘、优势互补的"四共三互一体"产教融合模式。该模式可借鉴推广，并在助推遂宁区域职业教育发展，服务本地企业方面凸显了自身特色与亮点。

1. 牵头成立职教集团，推动本地职教发展

2020年7月17日，我校旅游管理与服务专业、学前教育专业分别牵头组织成立"遂宁市旅游职教集团""遂宁市学前教育职教联盟"。首批自愿加入旅游职教集团、学前职教联盟的单位共35个。其中，行业协会2家、学校24家、企业9家。依托集团师资和企业设备优势，遂宁市旅游职教集团和遂宁市学前教育职教联盟分别开展研讨活动4次，参与人员达320人次；与23家学校开展了教学资源共享活动，涉及学生达2300余人；与3家企业（四川宋瓷、明星康年酒店、黄娥酒店）开展培训活动，帮助企业培训人员186人次。

职教集团的成立促进了校企紧密、深度合作，进一步加强了遂宁本地中职学校旅游专业、学前教育专业、幼儿保育专业的建设，提高了职业学校对遂宁市旅游和幼教行业的服务能力，同时为高职院校输送了优质生源。

2. 拓展与本地企业合作广度与深度，服务地方产业发展

通过示范校建设，校企合作、产教融合新增本地合作企业四川顽美思享广告公司、四川尧顺建筑工程有限公司、万豪酒店、本杰明启智幼儿园等12家，涵盖学校专业由5个增加到10个，覆盖率达90.9%。我校整个产教融合工作由过去的见习、实习、就业逐渐深入引厂入校、订单培养、学徒制培养、共建专业、资源共享等领域，真正实现了共建、共育、共享、共赢。

二、德育大课堂文化

我校一直秉承"百年经典，文化化人"的德育理念，提出了"讲诚信、懂礼仪、知感恩、明责任"的德育目标，提炼了"包容、和谐、勤勉、奉献"的学校精神，形成了系统化、校本化，阳光、快乐、时尚、幸福的德育特色，坚持以正面激励教育为主，借助多媒体手段，倾力打造师生德育大课堂，推动了立德树人工作再上新的台阶。

（一）德育大课堂的提出

大多数中职学生是应试教育的失败者，自尊心、自信心、人际交往等诸多方面存在严重缺失。中职学校德育工作的重要任务就是恢复学生的自

尊心和自信心，改变传统的恨铁不成钢、以批评为主的说教式德育方式，发现学生的闪光点。以正面激励教育、赏识教育为主的引领式德育是恢复学生自尊心、自信心的最有效的方法。

图4—23 德育大课堂

随着网络和多媒体技术广泛应用于学校德育实践，运用视频展现中职学生"闪光点"，展示积极的正面形象，激发学生正向努力成为自然而然的德育方式。我校创新性德育大课堂就是坚持正面激励、赏识教育为主的成功实践。

（二）德育大课堂的实施

1. 活动内容

我校根据中职德育大纲的要求，科学、系统、有针对性地对德育大课堂进行规划、设计、组织，对内容进行严格把关，重点取材爱国主义、集体主义、社会主义核心价值观、民族团结、安全教育、感恩励志、性格培养、心理健康等方面，每周一个主题，每个主题一个短视频，视频通过学生自导自演或在网络上提取和编辑调整的正面素材等方式进行呈现。

2. 实施步骤

德育大课堂坚持每周星期一早上8：05开展，保证40分钟时间。全校师生在学校百川文化广场统一集中参与。

（1）升旗仪式

图4-24 出旗

德育大课堂由国旗班庄严、肃穆、规范的升旗仪式开场。我校从学生中选拔政治素质过硬、学习表现好的优秀学生，专门建立了国旗班，按海陆空三军仪仗队标准配齐服装、步枪模型、靴子、指挥刀等，安排退伍军人进行训练，每周一进行升旗、降旗仪式。在升旗仪式上，国旗班着装整齐，随着激昂的音乐，迈着坚定有力的步伐，出旗、奏国歌、升旗。全体师生向国旗行注目礼、高唱国歌。强烈的仪式感为德育大课堂的顺利开展拉开了序幕。英姿飒爽的国旗班和规范神圣的升旗仪式已然成为学校中一道亮丽的风景。

图 4-25 升旗

(2) 国旗下的宣誓

图 4-26 国旗下的宣誓

每周安排当周值周班带领全校学生，高举右拳，一起庄重高声宣誓，"以孝心对父母，以诚心对他人，以热心对社会，以忠心对国家""做一名讲诚信，懂礼仪，知感恩，明责任的人"，再次用强烈的仪式感教育并感染全校师生。

图 4—27　宣誓现场

（3）观看视频

宣誓结束后，由校园广播电视台播放自编自导自演的校园微电影或网上下载、修改的具有正能量的德育短片等，以校园学习、生活为素材，真实记录和反映校园生活的点点滴滴，通过生动的形象、视听的刺激，对学生施加德育感染力和正面影响力。

（4）分享感悟

每周挑选或由学生主动报名，对视频内容或自己的生活、学习感悟等进行分享，以点及面，引起师生共鸣。

（5）教师总结

每次大德育课最后，都由教师进行点评、总结，即有值周教师对师生的值周工作进行总结汇报，用正面引领的方式、催人奋进的话语激励学生在学校里认真生活和学习。

3. 呈现方式

通过几年来的探索和总结，我校通过德育大课堂提炼出了"看、听、唱、演、悟"五字呈现模式。

看，即看专题片展播。校园广播电视台每周按照学校德育计划，设计制作专题德育短片，作为德育大课堂的内容之一呈现给全校师生。

听，即听短片音频、歌曲、感悟。用有声德育对学生进行正面引领。

唱，即唱国歌及其他德育歌曲。精心挑选校园德育歌曲，选用学生喜爱的歌曲作为校园德育歌曲，如《文明在哪里》《和你一样》《幸福的脸》

等。时尚优美的德育歌曲，向学生传递的是积极向上、善良美好的正能量。

演，即担任演员。校园广播电视台拍摄的专题片，由学生自编自导自演。让学生在参与中提高自信，在参与中学到知识并实现自我教育。

悟，即在每周德育大课堂中，学生代表针对本周的主题教育片，结合自身实际进行感悟分享，各班代表结合本周的收获在班团会活动中进行感悟分享。学生全员"现身说法"，触发共鸣。

图4-28 学生"现身说法"

（三）德育大课堂的保障

一是组织保障。学校领导高度重视德育大课堂，成立了专门的领导小组，落实了专人负责该项工作。

二是制度保障。学校教务处专门对每周一的作息时间进行调整，将德育大课堂列入学校课表，要求全校师生必须参加，对无故缺席师生进行严肃处理。

三是经费保障。为充分保障德育大课堂的开展，学校投入450万元，倾力打造校园广播电视台，升级室外LED大型显示屏和覆盖全校所有班级的多媒体视屏系统，与校园广播电视台、校园网联通，实现现场直播。

四是技术保障。专门选聘专业技术人员负责电视台工作，通过外培内训，不断提升校园广播电视台录制水平，能现场直播。2018年11月，我校德育原创视频《职校生一日常规》《隐形的翅膀》获得四川省第十三届中小学校园影视评比综合类一等奖，德育栏目《走进星级班级》获四川省第十三届中小学校园影视评比栏目类一等奖，并报送全国校园影视评比，分获全国二、三等奖；德育原创微电影《梦在前方》获四川省第二届"金凫奖"最佳音色奖，主演学生陶婷获"金凫奖"最佳表演奖。2019年11月，我校原创德育专题片《夯实基础创新驱动，助推立德树人工作迈上新台阶》获得四川省第十四届中小学校园影视评比专题类一等奖；原创校园影视作品《中华经典诵读原创节目（屈原）台前幕后》获得四川省第十四届中小学校园影视评比综艺类一等奖；原创微电影《国旗下的青春》获得四川省第十四届中小学校园影视评比主题类一等奖并提名"春蚕奖"，郑正老师在四川省中小学生微电影展评活动中获最佳指导奖。我校校园广播电视台在省内初步打响名气，成为学校德育工作和德育大课堂的重要组成部分。

图4—29　校园广播电视台

（四）德育大课堂的效果

通过对德育工作的创新和德育大课堂的开展，越来越多的师生乐于接受、乐于参与德育大课堂，用自己的行动、自己的故事去教育其他的人。学生也通过德育大课堂的引领，逐渐从普通教育学校学习生活中产生的失败感和被忽视的阴影中走出，变得阳光、开朗、活泼、自信、幸福，能自豪而幸福地说出："今天，我为市职校而骄傲；明天，市职校因我而自豪！"这样的话语让校园生机勃勃。

近年来，我校荣获了全国教育工作先进单位、省"9+3"工作先进集体、省中职教育学生内务管理示范学校、省"阳光体育示范学校"、省市民族团结进步示范单位、市教育系统德育工作先进单位、市公民思想道德建设先进单位、市共青团员示范单位等称号，在全市中职教育学生技能大赛连续六年荣获一等奖。我校德育大课堂也赢得了良好的社会声誉，什邡职业中学、资阳师范学校、沐川职业中学、南充师范学校、浦江县职业中专学校等中职学校先后前来学习、参观、交流。我校于2018年被评为全市德育工作先进集体、第一届省级文明校园，于2020年再次被评为全市德育工作先进集体。

三、信息技术化的课程文化

伴随着教学形态、资源形态和课程形态的变化，互联网时代的课程文化体现出独特的价值导向。互联网时代的课程文化对于中职学校课程自主选择与开发、课程教学方法的灵活运用以及课程评价的自主参与起着至关重要的作用。

（一）信息技术推动学校课程文化变革

信息技术是推动当代社会文化变迁的基本动力，课程本质上是一种具有教育目的的特殊文化，课程文化遵循着文化变迁的规律而发生改变。在信息技术作用下，课程环境、载体等实体层面的改变，会引起教学行为、课程制度等方面的变化，最后引发整个课程观、知识观等深层次变革，从而形成一种新的课程文化。与传统文化相比，信息文化更多的是一种包括互动文化、共享文化和数字文化等在内的技术文化。

（二）资源库等让课程数字化、共享化

学校在教学资源库建设方面加强了投入，2016年开始与企业合作开发学前教育资源库，并于2020年开始投入使用；2018年投入使用德育教学资源库；2019年投入使用汽修专业教学资源库；电子商务、物联网专业资源库在建。汽修、学前教育资源库面向全市中职教育开放共享，通过产教融合，吉利集团汽修专业培训数字资源与学校共享。随着各类教学APP的面市、各类资源平台的开发，我校专门开展了教师信息技术能力提升培训，通过培训，让教师合理运用资源库和APP等，提升学生的学习兴趣，提高课堂效率。

（三）智慧教室让课程智慧化、互动化

随着"互联网＋"时代的到来，信息技术对人们生活的影响可谓方方面面，在教学中的作用也日益凸显。我校先后投入资金建设了1个录播教室和6个智慧教室，使师生的互动性和时效性得到增强。同时，智慧教室也让课程智慧化、互动化体现得更为明显。

（四）智慧图书馆让阅读便捷化、智能化

智慧图书馆是指把智能技术运用到图书馆建设中而形成的一种智能化

建筑。建设智慧图书馆是体现学校教育水平是否现代化的一个参考指标。我校于2020年新建了智慧图书馆，其让借书、还书、查询、纸电一体化管理等更加便捷化、智能化。智慧图书馆的启用，是学校打造书香校园的良好载体，也是学校课程文化智能化的体现。学生一生一卡，凭卡进馆借阅书籍。24小时自助借还服务让学生能及时借还图书，更能充分利用时间阅读，体现了借阅的便捷化。另外，智慧图书馆对作为互联网原住民的职校生有着天然的吸引力，学生可以通过手机客户端查阅自己喜欢的图书类型，大数据也会根据学生的浏览内容，给学生推送相应的图书资源，体现了借阅的智能化。

第五章　学校环境文化系统

环境塑造人，环境改变人。"居楚而楚，居越而越，居夏而夏，是非天性也，积靡使然也。"(《荀子·儒效》)我校环境文化是隐藏在学校建筑、花草树木等物质表象中的精神内核，是通过校园的物质层面呈现出的文化和教育元素，体现了"学校无小事，处处皆育人"的理念。

一、整体规划

我校每一栋建筑、每一条道路、每一处园林、每一所场馆都整体规划设计了文化元素和教育内涵，让学校环境"文化化人"。

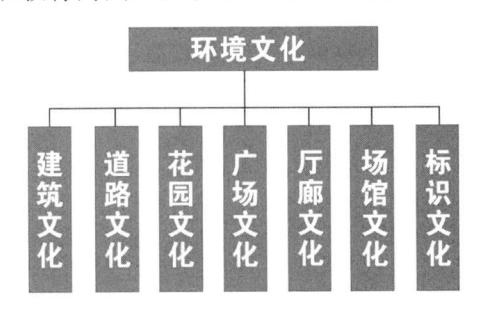

```
                环境文化
    ┌────┬────┬────┬────┬────┬────┐
  建筑  道路  花园  广场  厅廊  场馆  标识
  文化  文化  文化  文化  文化  文化  文化
```

图 5—1　环境文化内容

我校以著名教师命名主教学楼；以"淡泊明志，宁静致远"取名女生宿舍楼"静远居"；以"生不可不修德，士不可不弘毅"取名男生宿舍楼"弘毅居"；以修建者李家钰将军的字命名行政楼"其相楼"；以革命伟人孙中山先生命名综合楼"中山楼"；以著名学生命名道路；以文化诗意命名花园：静园、励园、怡园、一棵树；以首任校长命名文化广场。

这是一个历史底蕴深厚的校园，是一个充满诗意的校园。有百年历史的中山楼、其相楼是学校的标志性建筑，顺其简约古朴的民国风，确定了学校的其他整体风格：造型简约、材质原味朴质、色调沉稳淡雅。

图 5-2　学校鸟瞰图（2009 年市规委会通过）

二、主要建筑

（一）其相楼（行政楼）

图 5-3　其相楼外 　　　　图 5-4　其相楼内

建成于 1928 年，为李家钰将军所建。李家钰，字其相。抗战军兴，李将军奉命出川，转战晋豫，戍守要区，中原会战，督师急赴，以身殉国。中华人民共和国民政部追认其为革命烈士。

（二）中山楼（综合楼）

图 5-5　中山楼

图 5-6　中山楼走廊

建成于1929年，为李家钰将军所建，系七高中之教学楼，斯楼为砖木架构中式建筑，两楼一底，青瓦木椽，鱼脊龙背，中轴对称。整体为"中"字形，前后为"山"字形，寓意"中山"。以国父之名命名之，是为纪念。

（三）炳文楼（教学楼）

图 5-7　炳文楼局部图

图 5-8　炳文楼

孙炳文（1885—1927），字浚明，四川南溪人，省三师教师。早年追随孙中山，参加同盟会，任《民国日报》总编，著文讨袁，避难四川，受聘省三师，主讲国文，博古通今。后参加革命，牺牲于龙华。先生楷模，彪炳后世，楼名炳文，是为纪念。

《旧唐书·张仲方传》："赠司徒吉甫，禀气生材，乘时佐治；博涉多艺，含章炳文。"炳文，焕发文采。楼名炳文，亦有激励学子勤奋学习、奋发图为之意。

（四）金声楼（艺术楼）

图 5－9　金声楼

图 5－10　金声楼局部图

雷金声，四川遂宁河沙人，1946 年 6 月在明耻中学读书时加入中国共产党，省遂师乡村师范第三十三班学生。读书期间主办级刊《晓钟》，并在校内外开展革命活动，影响深远。金声楼为艺术楼。"金声"亦有金色亮嗓之意，寓指我校师生在艺术领域的不懈追求。

（五）正华楼（教学楼）

图 5－11　正华楼

图 5－12　正华楼局部图

李乃实（1893—1977），名正华，字乃实、耐石，遂宁城关人。县志传云：乃实 1914 年就读省三师，毕业后任江河小学校长，辗转 11 校，中华人民共和国成立后调入遂师任教，直至退休。先生自幼勤勉，思维敏捷，博学多闻；喜好古文，精研礼仪掌故，擅写诗词楹联，工书法，草书尤佳；起居有序，养生有道，为人正派，朴实无华，平易近人。曾任遂宁县政协第一届委员，县人大第二、五、六届代表。

《新书·道术》："方直不曲谓之正。"楼名正华，一为纪念乃实先生，二为鼓励莘莘学子治学修身、端庄正派、成就卓然。

（六）综合实训楼（二期项目新建成）

图 5—13　综合实训楼

（七）科技楼

图 5—14　科技楼

（八）文体中心

图 5—15　文体中心大门　　　　图 5—16　文体中心侧影

（九）女生公寓

"非淡泊无以明志，非宁静无以致远。"——诸葛亮

图 5—17　静远居一号楼　　　　图 5—18　静远居二号楼

（十）男生公寓

"士不可不弘毅，任重而道远。"——曾子

图 5—19　弘毅居

(十一)学子食府

图 5-20 学子食府

三、道　路

(一)远大路

图 5-21 远大路

罗闵(1919—2008),又名罗敏,谱名远大,四川中江人。1939年在中江中学入党,避迫害考入省遂师,1940年重新入党,1942年2月继吕斐然任中共遂师支部书记。毕业后以教师、乡公所文书等身份在中江、遂宁、合川从事地下工作，屡任要职。中华人民共和国成立后，任中江仓山区副区长等职。在几十年的革命生涯中，赤胆忠心，高风亮节，矢志不渝。常以诗词抒写爱党爱国之衷情。离休后，享受副厅级待遇。路名远大，一为纪念罗岗同志，缅怀先贤足迹；二为鼓励莘莘学子，效先贤立志高远，坚定信仰，成就光辉人生。

（二）诗荛路

金声楼至体育馆道路为诗荛路一段，体育馆至学子食府道路为诗荛路二段。

图 5—22 诗荛路

袁诗荛（1897—1928），四川盐亭人，无产阶级革命烈士。早年就读于省三师一班，任学生自治会主席。袁世凯称帝，诗荛偕同学20余人应募讨逆。后就读于成都高师，任省学生联合会副会长，主编学联刊物《四川学生潮》。还与巴金等合办《半月报》《革命》，宣传进步思想（成为《春》中方继舜的原型）。南充任教，为罗瑞卿将军军事革命的启蒙老师。之后，任盐亭教育局局长，创办国民师范和初级中学并兼任校长。1927年，于白色恐怖中毅然入党，不久任川西特委宣传部部长。1928年2月，被反动当局逮捕，秘密杀害于成都下莲池，是著名的"二一六"惨案殉难烈士。

（三）祥珂路（排球场南侧道路）

图 5-23　祥珂路

苟祥珂（1905—1931），四川蓬溪人，无产阶级革命烈士。就读省三师九班，为学生会负责人之一，参与组织了遂宁地区几次有影响的反帝反封建斗争。毕业后，先后在附小和省三师任教，创建了国民党（左派）区分部，同时加入中国共产党。避迫害，化名考入成都师大，成为学运领袖。1928年至1930年期间，历任中共涪陵县委书记、军委委员，红军二路游击队特委书记，党代表，省委常委、省军委委员，团省委书记。1931年，在宜宾从事革命活动时不幸被捕，受尽酷刑，坚贞不屈，高唱《国际歌》英勇就义，是宜宾著名的"五人堆"英烈之一。

四、花　园

（一）静园（校门北侧花园）

静心则专，静思则通，静居则安；静以养心，静以成德，静以致远。故名静园。静园中有一六角草亭，建于1957年，为一刘姓先生设计。亭名三省，取曾子"吾日三省吾身"之意。语文组谢茂光老师为亭撰联："三省听明月，一身鉴古亭。"

图 5-24　静园一角　　　　　　　　图 5-25　静园廊道

（二）励　园（正华楼前花园）

图 5-26　励园

"励，勉力也。"（《说文解字》）立志高远，勤勉治学，倾力成事，成人成长成才，成就幸福卓越人生。今以"励"命名此园，是为激励学子之意。

（三）怡　园（中山楼后花园）

图 5-27　怡园

"怡，乐也。"（《尔雅》）怡情益智，情趣高雅，和谐共生，快乐成长。故以"怡"名园，是为怡园。

（四）一颗树园

图5-28　一颗树园规划图　　图5-29　一颗树园实景

我是一棵树/以挺拔的姿态/站成风景/一半在土里深耕/一半在风里飞扬/为勤劳的人们/洒落阴凉//我是一棵树/以挺拔的姿态/站成永恒/我并未沉默/也不孤独/风中的摇曳/是我对你/永远的祝福。

五、百川文化广场

图5-30　百川文化广场宣传栏　　图5-31　百川文化广场

"百川"，语出民族英雄林则徐的自勉联："海纳百川，有容乃大。"今以"百川"命名我校文化广场，是希冀我校以"海纳百川"、兼容并包的开放大度胸怀采撷绚丽多姿的优秀文化，孕育豁达大度、胸怀宽阔、开拓创新的卓越人才。

以"百川"命名我校文化广场，亦是蕴藉着对这所百年学府首任校长洪明江先生的纪念。洪明江，字百川，四川南溪人。他思想进步，学识渊博，管理民主，求贤若渴。我校著名学子李乃实赋诗赞云："主讲国故陈敦品，推陈出新孙浚明。英才济济萃一室，百川校长气势宏。"

六、运动场

图 5-32 运动场一览

图 5-33 运动场一角

七、厅　廊

（一）正华楼德育文化廊

图 5-34 五字德育　　　　图 5-35 "三禁两不"五项教育

图 5-36 办学特色

(二) 金声楼艺术文化廊

图 5-37 学校师生优秀作品展示

(三) 炳文楼职教特色文化长廊

图 5-38 文化长廊

八、文化展厅

（一）阳光德育教育基地

图5—39 阳光德育教育基地一览

（二）校史展厅

图 5-40　校史展厅一览

九、其他场馆

图 5-41　其他场馆一览

十、视觉识别系统

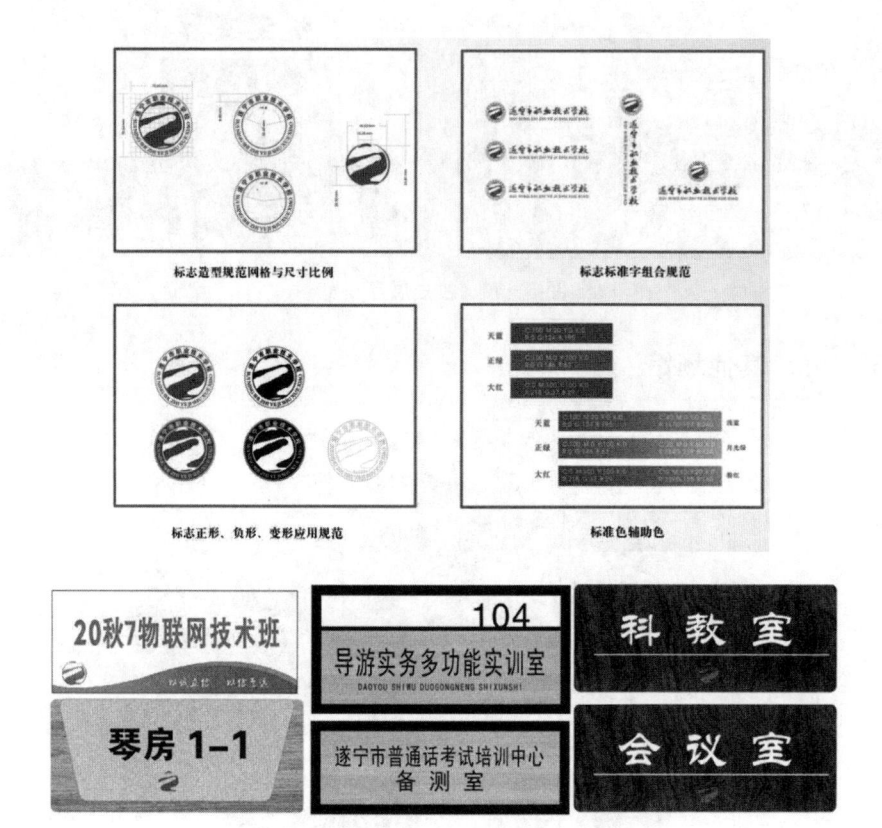

图 5-42 视觉识别系统

第六章 学校文化育人的成效及影响

第一节 成　效

一、育人效果

学校文化是学校在长期的办学过程中所形成的价值观念。正因为文化具有凝聚精神、塑造人格、传承文明的取向，是学校总体发展的核心，所以万万不能把学校文化建设架空。不光要在普通中小学里开展学校文化建设，在职业院校里推进学校文化建设也大有可为。作为国民教育体系的重要组成部分，职业教育以培养大国工匠、能工巧匠和高素质技术技能人才为己任，以服务发展、促进就业创新为面向，以高效的服务供给彰显支撑发展的价值，更加需要开展学校文化教育，以提升育人水平。将学校文化核心理念有效地贯穿到学校人才培养全过程，有助于培养有个性的、不可替代的技能型人才。

我校自建校以来，秉承"百年一校、文化化人、有教无类、幸福卓越"的核心办学理念，以"让学生拥有生存智慧和生存能力"为培养目标，全面推进以创新教育为核心的素质教育，践行优质教育，办人民满意教育，取得了较好的成效。

（一）核心价值观教育

受科学主义影响而忽视社会主义核心价值观教育是当前我国思想政治教育存在的问题中最为重要的问题。科学主义影响的对象是十分广泛的，它不仅影响核心价值观教育的主体，而且影响客体。因此，要解决这个问题，不仅要从核心价值观教育的主体——学生入手，而且要从教育的客体——学校和社会入手。

我校在百年的发展过程中充分意识到公序良俗等核心价值观对社会主

义市场经济的稳定和社会的和谐所发挥的作用，所以大力发展德育教育。在教育部"思政课程—课程思政"教育理念和学校"讲诚信、懂礼仪、知感恩、明责任"的德育目标的引领下，我校积极开展社会主义核心价值观"三进"（进学校、进课堂、进头脑）工作，在注重教育的知识科学取向、专业技能取向的同时，注重教育对学生品德塑造的作用；同时，结合中职学生的思想政治状况，狠抓学生思想道德教育和政治素养提升，坚持以立德树人为根本，坚持为党育人、为国育才，全面加强对中职学生德育的领导和统筹谋划。以中国特色社会主义、心理健康与职业生涯、哲学与人生、职业道德与法治思想政治课程为主阵地，我校认真贯彻执行《教育部关于职业院校专业人才培养方案制订与实施工作的指导意见》，把思想道德教育工作贯穿至教育全过程，融入课程思政，落实在教学中，渗透进专业课教学和实践里，培养学生爱国、爱党、爱社会、爱家、爱自己，使学生能主动践行社会主义核心价值观，有正确的人生观和职业理想，学生思想政治素养有明显提高。

图6－1　开展社会主义核心价值观主题班团会

（二）行为习惯养成教育

行为习惯养成教育是素质教育的重要组成部分，是素质教育的灵魂和核心。为帮助学生学会做人、学会做事、学会学习、学会共处，我校以《中共中央关于改革和加强中小学德育工作的通知》《公民道德建设实施纲要》《中职生日常行为规范》为指导，以青少年生理和心理阶段的新的划分所提示的特征和规律为理论依据，以新课程标准和理念为准则，以目前学生的思想实际为实践依据，以未来社会对青少年儿童的要求为教育目标，以培养学生良好的生活习惯、学习习惯、文明行为习惯及卫生意识、安全意识等为出发点，通过活动育人、教师言行育人、课堂育人、阵地育人、将养成教育与评优评先紧密结合等教育途径和方法培养中职学生良好的行为习惯，为学生的终生发展奠定基础。

图 6-2　开展德育表彰大会及新生入学教育

（三）体育、美育教育

我校积极践行党的新时代教育方针，始终将培养德、智、体、美、劳全面发展的社会主义建设者和接班人作为学校教育的基本路线和方向。为实践这一重要目标，我校开展了以下措施：

1. 体　育

（1）开齐开足上好体育课

严格落实学校体育课程开设刚性要求，不断拓宽课程领域，逐步增加课时，丰富课程内容。严格按照国家课程方案和课程标准，开齐开足上好体育课。尝试将体育纳入人才培养方案，学生体质健康达标、修满体育学分方可毕业。

（2）加强体育课程和教材体系建设

学校体育课程注重大中学相衔接，聚焦提升学生核心素养。帮助学生掌握1~2项运动技能，引导学生树立正确健康观。同时，将体育课程与职业技能培养相结合，培养身心健康的技术人才。学校体育教材体系建设要扎根中国、融通中外，充分体现思想性、教育性、创新性、实践性，根据学生的年龄特点和身心发展规律，围绕课程目标和运动项目特点，精选教学素材，丰富教学资源。

（3）推广体育项目

认真梳理田径、篮球、足球、排球、乒乓球、羽毛球等体育项目，因地制宜开展体育教学、训练、竞赛活动，并融入学校体育教学、训练、竞赛机制，形成体育项目竞赛体系。涵养阳光健康、拼搏向上的校园体育文化，培养学生的爱国主义、集体主义、社会主义精神，增强文化自信，促进学生知行合一、刚健有为、自强不息。深入开展"传承的力量——学校体育艺术教育弘扬中华优秀传统文化成果展示活动",加强宣传推广,让体育文化在校园绽放光彩。

(4) 强化学校体育教学训练

逐步完善"健康知识＋基本运动技能＋专项运动技能"的学校体育教学模式。教会学生科学锻炼的方法和健康生活的知识,指导学生掌握跑、跳、投等基本运动技能和足球、篮球、排球、田径等专项运动技能。健全体育锻炼制度,广泛开展普及性体育运动,定期举办学生运动会或竞赛,组建体育兴趣小组、社团,推动学生积极参与常规课余训练和体育竞赛。合理安排校外体育活动时间,着力保障学生每天校内1个小时的体育活动时间(大课间活动——幼儿舞蹈),促进学生养成终身锻炼的习惯。加强新生军训活动。

图6—3 举行校田径运动会

(5) 改善场地器材建设配备

建好满足课程教学和实践活动需求的场地设施、专用教室。配备必要的功能教室和设施设备。加强学校体育场馆建设,同时配好体育教学所需器材设备,建立体育器材补充机制。

图 6—4 田径、乒乓球、排球运动场

（6）统筹整合社会资源

完善学校和公共体育场馆开放互促共进机制，推进学校体育场馆向社会开放、公共体育场馆向学生免费开放，提高体育场馆开放程度和利用效率。鼓励学校和社会体育场馆合作开设体育课程。统筹好学校和社会资源，城市和社区建设规划要统筹学生体育锻炼需要。综合利用公共体育设施及体育活动，将开展体育活动作为丰富学生课余生活的重要载体。

（7）推进学校体育评价改革

建立日常参与、体质监测和专项运动技能测试相结合的考查机制，将达到国家学生体质健康标准要求作为教育教学考核的重要内容。完善学生体质健康档案，客观记录学生日常体育参与情况和体质健康监测结果，定期向家长反馈。加强学生综合素质评价档案使用，根据人才培养目标和专业学习需要，将学生综合素质评价结果作为招生录取的重要参考。

2. 美　育

（1）树立学科融合理念

促进美育与德育、智育、体育、劳动教育相融合，充分挖掘和运用各学科蕴含的体现中华美育精神与民族审美特质的心灵美、礼乐美、语言美、行为美、科学美、秩序美、健康美、勤劳美、艺术美等丰富美育资源。有机整合相关学科的美育内容，推进课程教学、社会实践和校园文化建设深度融合，大力开展以美育为主题的跨学科教育教学和课外校外实践活动。

（2）完善课程设置

学校美育课程以艺术课程为主体，主要包括音乐、美术、书法、舞蹈、影视等课程。将艺术课程与专业课程有机结合，强化实践，开设体现职业教育特点的拓展性艺术课程，开设以审美和人文素养培养为核心、以创新能力培育为重点、以中华优秀传统文化传承发展和艺术经典教育为主要内容的公共艺术课程。

（3）科学定位课程目标

构建大中学相衔接的美育课程体系，明确学校美育课程目标。强化艺术实践，培养具有审美修养的高素质技术技能人才，引导学生完善人格修养，增强文化创新意识。同时，不断强化学生文化主体意识，培养具有崇高审美追求、高尚人格修养的高素质人才。

（4）加强教材体系建设

编写教材要坚持马克思主义指导地位，扎根中国、融通中外，体现国家和民族基本价值观，格调高雅，凸显中华美育精神，充分体现思想性、民族性、创新性、实践性。根据学生年龄特点和身心成长规律，围绕课程目标，精选教学素材，丰富教学资源。加强大中美育教材一体化建设，注重教材纵向衔接，实现主线贯穿、循序渐进，做好教材研究、编写、使用等工作，探索形成以美学和艺术史论类、艺术鉴赏类、艺术实践类为主体的公共艺术课程教材体系。

（5）开齐开足上好美育课

严格落实学校美育课程开设刚性要求，不断拓宽课程领域，逐步增加课时，丰富课程内容。尝试将公共艺术课程与艺术实践纳入学校人才培养方案，实行学分制管理。

图6—5 开展"高雅艺术进校园"活动

（6）深化教学改革

逐步完善"艺术基础知识基本技能＋艺术审美体验＋艺术专项特长"的教学模式。在学生掌握必要基础知识和基本技能的基础上，着力提升文化理解、审美感知、艺术表现、创意实践等核心素养，帮助学生形成艺术专项特长。培育一批学校美育优秀教学成果和名师工作室，建设一批学校美育实践基地，开发一批美育课程优质数字教育资源。推动高雅艺术进校园，持续建设中华优秀传统文化传承学校和基地，创作并推广原创文化精品，以大爱之心育莘莘学子，以大美之艺绘传世之作，努力培养心灵美、形象美、语言美、行为美的新时代青少年。

（7）丰富艺术实践活动

面向人人，建立常态化学生全员艺术展演机制，大力推广惠及全体学生的合唱、合奏、集体舞等实践活动，广泛开展班级、年级、专业部、校级等群体性展示交流。加强学校学生艺术团建设，遴选优秀学生艺术团参与省市重大演出活动，以弘扬中华优秀传统文化、革命文化、社会主义先进文化为导向，发挥示范引领作用。

图6-6　开展合唱、舞蹈等艺术活动

（8）推进评价改革

把学生学习音乐、美术、书法等艺术类课程以及参与学校组织的艺术实践活动情况纳入学业要求，探索将艺术类科目纳入学业水平考试范围。全面实施学生艺术素质测评，将测评结果纳入学生综合素质评价。探索将艺术类科目纳入升学改革试点，依据课程标准确定考试内容，利用现代技术手段促进客观公正评价。

百年来，学校参与各项体育、美育活动及竞赛，获得了优异的成绩，既为学生的全面发展奠定了坚实的基础，也为学校整体发展贡献了力量。

(四) 职业能力培养教育

职业能力是顺利完成某种职业活动所必需的并影响活动效率的个性心理特征，也是使职业活动得以顺利进行的基本素质和心理特征的总和。我校重视学生职业能力的培养，通过对学生专业实践活动、自我决策能力、社会实践能力、职业生涯规划、组织管理能力、理解交流能力的培养，不断提升学生的职业能力，实现文化化人的目标。

第一，重视专业实践活动对职业能力的培养。专业实践是应用型人才培养的基本途径和有机组成部分。学生通过专业实践，能够较好地将所学专业理论知识与实践相结合，检阅、修正和巩固已有的专业知识和理论体系，训练和提高专业技能，并强化专业思维和职业伦理修养。专业实践活动除了有助于培养学生的专业基本能力之外，对职业能力的培养集中表现为自我学习和发展、独立分析和解决问题、组织和协调、判断和决策能力培养等实践活动，很好地训练了学生的自我学习能力，独立分析和解决问题的能力，以及判断和决策能力。

第二，重视自我决策能力对职业能力的培养。自我决策能力是一个人能否独立思考、果断处事和独立完成某项工作的能力。对于即将毕业走向社会的学生来说，求职择业和各种各样的选择都要靠自己决定，这就是对自我决策能力的一次检验。在未来的工作中，每一件事情、每一个问题以及它们的变化进展都不可能像在学校那样有老师指导，而必须靠自己迅速做出决定，及时予以处理。因此，具有良好的自我决策能力对学生就业是十分重要的。

第三，重视社会实践力对职业能力的培养。社会实践作为实践教学的重要环节，是高等教育教学体系的重要组成部分，通过形式多样的社会实践活动，有助于培养和提高学生的自我学习与发展、独立分析与解决问题、获取与利用信息以及应对挫折等职业能力，使他们在未来的职业活动中更具有竞争力。社会实践对学生职业能力的培养并不是孤立开来的，必须与课程教学、专业教学等理论教学环节紧密相连。同时，各种形式的社会实践对能力的培养也不是割裂开来的，某一特定的实践活动可以同时培养学生多方面的职业能力。需要注意的是，通用职业能力的培养不同于某一专业基本技能或具体职业岗位能力的培养，不能简单通过单一的课程或系列教学模块来完成，而是需要在相对较长的时间里，经过持续的实践和体验，逐渐培养起来的。换句话说，该种能力素养无法通过"教"和

"学"取得，而是需要"历"与"炼"才能获得。因此，社会实践是学生通用职业能力培养的有效途径。

第四，重视职业生涯规划对职业能力的培养。职业生涯规划的目的是围绕个人的人生目标，明确人生阶段的任务，有计划、有步骤地去完成，最终实现自己的人生目标。从中职生入学开始，就要抓住时机进行职业理想和职业规划教育，让学生明白专业培养目标，了解专业发展方向，使学生逐步树立正确的职业理想。

第五，重视组织管理能力对职业能力的培养。虽然不是每个毕业生都会从事管理工作，但是在实际工作中，每个从业者都会不同程度地需要组织管理才能。现代社会职业表明，不仅领导干部、管理人员应当具备组织管理才能，其他专业人员也应当具备。随着时代的发展，纯"书生型"的人才已不能适应社会的需要。近年来，许多用人单位在挑选录用毕业生时，同等条件下，往往会优先考虑那些曾担任过学生干部，具有一定组织管理能力的毕业生。这正反映了时代的客观要求。

第六，重视理解交流能力对职业能力的培养。理解和交流能力是企业在日常工作中对员工需求最强烈的能力，无论是重要性程度，还是掌握水平要求都比较高。此项能力的缺失将最大限度地影响学生就业率和对企业的适应性。我校通过教学、竞赛和各种活动，不断提升学生的理解和交流能力，为学生更好地进入职场奠定坚实的基础。

（五）学生就业

我校针对中职学生的特点开设了"职业生涯规划"课程，由招生就业办对毕业生进行顶岗实习前的培训教育。

（1）我校严格遵照《中华人民共和国教育法》《中华人民共和国职业教育法》《中华人民共和国劳动法》《中华人民共和国安全生产法》《中华人民共和国未成年人保护法》《中华人民共和国职业病防治法》及《职业学校学生实习管理规定》的要求执行。

图 6-7　召开毕业生双选会及毕业生座谈会

（2）引导学生关注未来、珍惜现在、重构动力机制的教育；引导学生坚信自己能成功，形成正确成才观的教育；引导学生从职业的角度了解自己、了解社会，注重"全面发展与个性发展的统一"，正确处理"人选职业"与"职业选人"的辩证关系。

（3）引导学生注重终身学习，养成良好习惯，争取职业生涯可持续发展的教育；引导学生自觉提升职业素养，做好"学生"向"职业人"的角色转换，开展"促进学生主动适应社会，开创美好未来"的教育。

（4）让学生理解"就业是职业生涯发展的起点、创业是职业生涯发展的飞跃"，形成正确的就业观、择业观、创业观；引导学生把个人的前途命运与国家和民族的前途命运紧密相连，把个人职业理想的实现融于"中国梦"。

（六）升学情况

近年来，随着大量的大学生涌入劳动力市场，中职学生学历偏低、专业知识和专业技能不强、就业岗位几乎在低层且稳定极性差，严重缺乏竞争力。针对这一新的形势，我校鼓励学生积极参加单招、升学考试，升入高职院校继续学习，提高学历，丰富专业知识，锻炼自身能力，以适应社会发展的需要。

我校 2020 届毕业生中升入高一级学校深造人数 298 人，占毕业生总数的 8.6%，较 2019 届毕业生中升入高一级学校深造学生人数的 190 人有明显提升，占比提高了 1.6%。升学学生中，对口单招占比 14.1%。2019 届及 2020 届学生升学情况统计对比见下表。

表 6-1 2019 届及 2020 届学生升学情况统计表

毕业时间（年）	高考统招升学学生数占毕业生总数比例（％）	对口单招升学学生数占毕业生总数比例（％）
2019	2.85	11.1
2020	3.1	14.1

（七）技能竞赛

传统的教学模式忽略实践教学，缺乏对学生应变能力和应用管理能力的培养，学生往往不能独立解决实际问题。为了培养社会所需要的技能型人才，我校注重考查学生利用已掌握的理论和技能解决实际问题的能力。通过参加技能大赛，我校与企业进行深层次接触，全面了解市场需求，参照专业特点，结合行业需求，及时地调整教学内容，以应用为目的，选择载体，将职业资格标准和行业技术规范融入课程，并按照学生的认知规律与职业成长规律对学习内容进行序化，突出实践性，为学生的职业成长搭建阶梯。

同时，职业技能大赛的淘汰机制为培养学生的竞争意识提供了一个平台。这个社会中充满竞争，为了让学生走出校门适应社会，我们必须要提高学生的竞争意识和竞争能力。学生在职业比赛中，体会到竞争，体会到了成功后的喜悦和失败后的挫败，经历扬起航帆的心理成长。最后，竞赛可以提高学生的心理素质。中职学生缺乏自信，学习积极性较差，但他们绝非智力不足和能力不足。教师在教学中可以有效地利用大赛机制，调动学生的学习积极性，让学生明确学习动机，增强学生的自信，鼓励学生敢于探索、勇于进取，充分发挥自己的主观能动性。

"十二五""十三五"期间，学生参加国、省、市级各项技能比赛，取得了优异的成绩，充分显示出了我校在技能大赛领域的综合实力，起到了良好的引领、示范作用。

表 6-2 技能竞赛获奖明细表

年份	国家级			省级			市级			
	一等奖	二等奖	三等奖	一等奖	二等奖	三等奖	一等奖	二等奖	三等奖	团体奖
2013						10	15	11		一等奖

续表6－2

年份	国家级			省级			市级			
	一等奖	二等奖	三等奖	一等奖	二等奖	三等奖	一等奖	二等奖	三等奖	团体奖
2014							18	13	12	一等奖
2015			1	1	2	4	18	11	7	一等奖
2016				1	5	9	18	11	7	一等奖
2017							27	8	3	一等奖
2018							28	11	5	一等奖
2019			1	8	4		22	13	1	一等奖
2020		1					26	8	2	一等奖
合计	1	1	3	15	17		167	90	48	

二、教师发展

中共中央、国务院《关于全面深化新时代教师队伍建设改革的意见》强调"百年大计，教育为本；教育大计，教师为本"。我校在百余年的历史中，涌现了一批又一批优秀教师。

目前，学校有专任教师201名，专业带头人10名，骨干教师123名，双师型教师100名，兼职教师20名。教师队伍师德高尚、业务精湛、结构合理、充满活力，为学校持续发展提供了强力支撑。

三、学校成就

（一）学校获奖情况统计表

表6－3 学校获奖情况统计表

时间	主办、颁奖单位	比赛或活动获奖项目	获奖情况
1985年5月	团市委	"五四"青年杯男子篮球比赛	第一名

续表6-3

时　间	主办、颁奖单位	比赛或活动获奖项目	获奖情况
1988年10月	市委宣传部、市文化局	市第二届艺术节联欢表演	三等奖
1988年10月	市委宣传部、市文化局	市第二届艺术节联欢表演	组织工作先进奖
1988年12月	市教委	市三所师校文艺调演	一等奖
1989年9月	市委宣传部、市文化局	首届中师艺术节参送节目《夏夜》	一等奖
1989年9月	市委宣传部、市文化局	幼师文艺节目《我热恋的故乡》等	一等奖
1989年9月	团市委	庆祝建国40周年文艺表演	优秀组织奖
1990年3月	市妇联	"三八"文艺节目演出	二等奖
1990年5月	市委宣传部、市文化局	市首届创作舞蹈比赛《夏夜》	二等奖
1990年7月	市直机关工委	五幕歌剧《白毛女》片段《喜儿哭爹》	三等奖
1990年10月	市体委、市教委	城区教工男子篮球比赛	第二名
1991年7月	市教委	首届中师艺术节	组织奖
1991年9月	省教委	省首届中师艺术节舞蹈《夏夜童趣》	省三等奖
1991年9月	省教委	木琴独奏《小骑兵》	省三等奖
1991年9月	省教委	文艺调演	省三等奖
1992年1月	市教委	市中师生队列比赛	第一名
1993年3月	市妇联	"三八"文娱节目演出	三等奖
1993年11月	市教委、市体委	首届学生艺术节	先进学校
1993年11月	市委宣传部、市教委	首届学生艺术节文艺调演	二等奖
1993年11月	市委	纪念毛泽东一百周年诞辰歌咏比赛	二等奖

续表6—3

时间	主办、颁奖单位	比赛或活动获奖项目	获奖情况
1994年10月	市二运会主委会	市二运会体操比赛、男子篮球赛	第一名、第五名
1994年10月	市直属机关	国庆45周年文娱晚会	组织奖
1995年10月	省教委	省第二届中师艺术节3个节目参演	二、三等奖和优秀奖各1个
1995年6月	省体委、省教厅	省中师田径运动会体师组总分	第二名
1996年10月	市体委、市直工委	市广播体操比赛	一等奖
1996年1月	市全民健身委员会	市广播体操比赛	一等奖
1997年1月	市体委、市教委	实施《体育锻炼标准》	先进集体
1998年1月	市教委	体育教育工作	先进集体
1998年11月	市教委	市篮球比赛男女队分获	第一名
1999年5月	市委宣传部等5部门	纪念"五四""中通杯""青春颂"文艺晚会20个参赛节目	一等奖1项、二等奖3项、最佳组织奖
1999年5月	团市委	纪念"五四"文娱晚会演出分获	一等奖2项、二等奖一项
1999年10月	省委宣传部、省教委	省第三届中师艺术节文艺会演	二等奖
2000年5月	省级文明单位等	庆"五四"警民共建文娱晚会	一等奖2项、二等奖2项
2000年10月	市委宣传部	第三届"涪江之秋"文艺调演两个节目参演分获	二等奖、三等奖
2000年10月	市教委	市直篮球运动会女子组	第三名、道德风尚奖
2000年12月	省体委、省教委	贯彻体育锻炼标准	先进集体
2001年1月	市委宣传部等4部门	"世纪之声"歌咏比赛	一等奖
2001年6月	市委宣传部等4部门	庆祝建党80周年文娱晚会	优秀演出奖

续表6－3

时 间	主办、颁奖单位	比赛或活动获奖项目	获奖情况
2001年11月	市教育局	直属学校田径比赛高中组团体总分	第三名
2001年12月	省体育局、省教育厅	国家体育锻炼标准施行	先进集体
2002年3月	市妇联、市直机关工委	庆"三八"女性风采展示文艺晚会	优秀节目奖
2002年4月	市精神文明办	女声二重唱《清晨，我们踏上小道》、萨克斯独奏《夜来香》在庆"五一""五四"警民共建文娱晚会分获	一等奖、三等奖
2002年5月	市委宣传部等5部门	《五月沉思》获市"五一颂"文艺调演	一等奖
2002年9月	市委宣传部等4部门	《春天来了》获市第四届涪江之秋"移动杯"文艺调演	三等奖
2002年10月	市教育局	2002年田径运动会高中组团体总分	第三名
2002年10月	市教育局	2002年田径运动会高中组女子4×100米接力	第四名
2002年10月	市教育局	2002年田径运动会高中组男子4×100米接力	第四名
2002年11月	市教育局	直属学校2002年教职工篮球运动会男子组	第二名
2002年11月	市直机关工委等4部门	《走进新时代》《公仆赞》在庆祝党的十六大文艺演出中分获	一等奖、三等奖
2002年12月	市委宣传部等	《红土魂》大型文艺演出	组织奖
2002年12月	省体育局、省教育厅	2001年至2002年年度推进《国家体育锻炼标准施行办法》	先进单位

续表6—3

时间	主办、颁奖单位	比赛或活动获奖项目	获奖情况
2003年1月	市体委	"沱牌杯"全民健身万人慢跑活动	三等奖
2003年5月	市教育局	市第四届中小学艺术节	先进学校
		舞蹈《夏之夜》	一等奖
		小合唱《春天来了》	一等奖
		器乐《拉德茨基进行曲》	一等奖
		合唱节目	一等奖
		《老师妈妈》获艺术风采展示	二等奖
		舞蹈《夏之夜》创作	优秀奖
2003年9月	省教厅、团省委	省"红帆喜儿杯"第四届中小学艺术节	二等奖
2003年10月	中区宣传部、文体局	市中区庆祝建国54周年文艺汇报演出	奖状
2004年1月	市委宣传部等	市"白芷之春"新作品文艺调演	优秀节目奖、组织奖
2010年1月	市教育局	市教育系统创建共产党员示范城文艺汇演	三等奖
2010年1月	市教育局	市教育系统创建共产党员示范城文艺汇演	一等奖
2010年1月	市组委会	"中国移动通信杯"遂宁市元旦健康遂宁健身跑	二等奖
2010年1月20日	市教育局	创国家卫生城市工作	先进集体
2010年5月	市教育局	中职生技能大赛	团体三等奖
2010年5月	省教育厅	电子专业创省级重点专业	顺利通过
2010年2月	市慈善总会	"1·31"抗震救灾捐赠	组织奖
2010年2月	遂宁市	年度目标考核	二等奖

续表6-3

时　间	主办、颁奖单位	比赛或活动获奖项目	获奖情况
2011年1月	市体育局、教育局	"中国移动通信杯"健身跑	二等奖
2011年3月	市教育局教科所	教育科学研究管理	一等奖
2011年3月	市教育局教科所	教研室综合考核	二等奖
2011年3月	学生技能大赛组委会	学生技能大赛	二等奖
2011年5月	市教育局委员会	优秀组织工作奖	
2011年6月	市关工委、精神文明办、教育局、广电局	"红心向党"歌咏比赛	一等奖
2010年12月	市教育局	体育大课间活动	二等奖
2011年11月18日	市教育局	AutoCAD制图比赛	团体二等奖
2011年10月	市委宣传部	第八届"涪江之秋"文艺会演	二等奖
2011年7月	市委宣传部	"党旗颂庆七一"歌咏比赛	特等奖
2011年1月	市教育局、体育局文联	学生体育舞蹈锦标赛	团体第二名
2012年4月	中国青少年音乐舞蹈艺术交流协会	全国青少年优秀艺术人才展评暨特长生才艺展示活动全国总决赛	金奖
2012年11月	中华全国总工会	全国职工教育培训示范点	
2012年10月	省教科所	2012年"9+3"学校优秀论文（课题报告）	一等奖
2012年10月	省教厅	省藏区免费中等职业教育工作	先进集体
2012年2月	市委宣传部统战部民族办	市民族团结进步创建工作	示范单位
2012年4月27日	市"五一"劳动者之歌歌咏比赛组委会	2012年"五一"劳动者之歌歌咏比赛	二等奖

续表6—3

时　间	主办、颁奖单位	比赛或活动获奖项目	获奖情况
2012年7月	市教育局	市第七届中小学生艺术节	一等奖
2012年9月	市教育局	市学前教育专业人才培养	特色学校
2012年10月	市教育局	2012年度"9＋3"及对口高职教育	先进集体
2012年10月	市教育局	"敬廉崇洁"主题原创诗歌比赛决赛	一等奖
2012年10月29日	市教育局、市纪委	全市教育系统首届"敬廉崇洁"主题原创诗歌朗诵决赛	优秀组织奖
2012年5月18日	市中等职业教育技能大赛组委会	2012年遂宁市中等职业教育技能（才艺）大赛团体	一等奖
2012年2月	市精神文明委员会	公民思想道德建设	先进集体
2012年5月18日	市中等职业教育技能大赛组委会	2012年遂宁市中等职业教育技能（才艺）大赛团体	一等奖
2012年2月	市教育局、市教育学会	2011年"九宗书院杯"师生作文书法竞赛	优秀组织奖
2012年7月6日	市教育局	市第七届中小学生艺术节	优秀组织奖
2012年7月6日	市教育局	第七届中小学生艺术节舞蹈节目"守望桃李"	一等奖
2012年7月6日	市教育局	第七届中小学生艺术节朗诵节目"阳光洒满雪域高原"	一等奖
2012年3月	市教科所	2011年度全市教科研工作综合	二等奖
2012年3月	市教科所	2011年度全市地方课程实施工作单项	一等奖
2012年11月17日	市教育局	市城区中学教职工篮球联赛（女子组）体育	道德风尚奖

续表6-3

时间	主办、颁奖单位	比赛或活动获奖项目	获奖情况
2012年11月17日	市教育局	市城区中学教职工篮球联赛（男子组）	第三名
2012年2月	市教科文卫体工会委员会	2010—2011年度工会工作	先进单位
2012年8月	省教厅	省第七届中小学生艺术节	三等奖
2012年1月	市教育局、体育局文联	学生体育舞蹈锦标赛	优秀组织奖
2013年4月	共青团遂宁市委	共青团员	示范单位
2013年5月	市教育局	2013年遂宁市中等职业教育技能大赛（才艺）比赛团体	一等奖
2013年11月	市职成教学会	市2013年中等职业学校AutoCAD制图竞赛	二等奖
2014年1月	市教育局	市廉政文化进学校示范点	
2014年1月	省校园文化艺术发展促进会	书法艺术社科普及推广实验中心	
2014年3月	市教科所	教育科研考核工作	一等奖
2014年4月	市中职技能大赛组委会	2014年遂宁市中等职业教育师生技能大赛团体	一等奖
2014年5月	市教育局	学校德育工作	先进集体
2014年9月	全国教育系统评选表彰工作领导小组办公室	全国教育系统	先进集体
2014年4月24日	市委宣传部、市教育局	市中华经典诵读大赛	特等奖
2014年11月21日	福建师范大学	网络教育校外学习中心支持服务奖	
2014年11月27日	省委、省政府	省民族团结模范集体	
2015年3月	省委、省政府	省民族团结进步模范单位	

续表6—3

时间	主办、颁奖单位	比赛或活动获奖项目	获奖情况
2015年3月	市教育局	2014年度市直属学校目标考核	优秀奖
2015年3月	市教育局、体育局	2015年遂宁市中学生田径比赛中职组女子团体	第一名
2015年4月	西华师范大学	西华师范大学2013—2014年继续教育先进集体	
2015年4月	团省委	省共青团员示范单位	
2015年4月	全国职教课改联盟	全国职教课改联盟首届中职教师上课暨微课设计比赛	优秀组织奖
2015年5月	市教育局	2015年全市中职校四大类专业技能抽考总成绩	第一名
2015年5月	市总工会	市安康杯竞赛优胜单位	
2015年5月	团省委	省2015年岗位学雷锋先进集体	
2015年10月	市教育局	2015年全市中职学生技能大赛团体	一等奖
2015年11月	市教育局、体育局	2015年遂市中学生运动会篮球比赛中职男子组	第一名
2015年11月	市教育局、体育局	2015年遂宁市中学生运动会足球比赛高中女子组	第二名
2015年11月	市教育局、体育局	2015年遂宁市中学生运动会篮球比赛中职女子组	第二名
2015年11月	团中央学校部	2015年全国大中专学生三下乡社会实践活动	优秀团队
2015年12月	市财政局	2014年度部门决算及2015年度财务管理"先进单位"	
2015年10月	市教育局	机械专业部学生获2015年机械制图CAD技能大赛总分	第二名

续表6－3

时　　间	主办、颁奖单位	比赛或活动获奖项目	获奖情况
2016年1月	市政府妇女儿童工委会妇委会	推进男女平等基本国策20周年特别贡献奖	
2016年1月	省教育厅	省阳光体育示范学校	
2016年1月	市总工会、安监局	市"安康杯"2015—2016年度竞赛优胜单位	
2016年2月	市教育局	2015年度公民办学校目标考核优胜单位	
2016年3月	市教育局	2016年遂宁市中学生运动会田径比赛中职男子组团体总分	第三名
2016年3月	市教育局、体育局	2016年遂宁市中学生运动会田径比赛中职女子组团体总分	第一名
2016年4月	共青团遂宁市委	市五四红旗团委	
2016年4月	市总工会	工人先锋号	
2016年5月	共青团中央	全国五四红旗团支部	
2016年5月	全国"文明风采"竞赛组委会	第十二届全国中职校"文明风采"竞赛	优秀组织奖
2016年5月	市教育局、市语委	市2016年中华经典诵读大赛初赛	一等奖
2016年5月	市委宣传部、市教育局等	市2016年中华经典诵读大赛决赛	特等奖
2016年5月	市教育局	2015年全市中职校四大类专业技能抽考总成绩	第一名
2016年6月	福建师范大学网络与继续教育学院	福建师范大学现代远程教育支持服务奖	
2016年1月	市教育局、体育局	2016年遂宁市中小学生运动会篮球比赛中职男子组	第一名
2016年1月	市教育局、体育局	2016年遂宁市中小学生运动会篮球比赛中职女子组	第一名

续表6—3

时间	主办、颁奖单位	比赛或活动获奖项目	获奖情况
2016年11月	市政府消防安全委员会	消防安全示范学校	
2016年11月	市教育局	2016年全市中职学生技能大赛团体	一等奖
2016年11月	市教育局	2016年遂宁市青少年校园足球联赛总决赛高中女子组	第三名
2017年1月	中国现代教育研究院等单位	2017年"飞翔中国"全国青少年儿童书画摄影展示集体	一等奖
2017年2月	共青团四川省委	省五四红旗团委	
2017年3月	市教育局	2016年度区县（园区）教育局和市直属公民办学校目标考核优胜单位	
2017年3月	市教育科学研究所	市2016年度"学校教改推进"	一等奖
2017年3月	市教育科学研究所	市2016年度教研工作综合考核	二等奖
2017年3月	市教育科学研究所	市2016年度"教育科研"	一等奖
2017年4月	市总工会、市安全生产监督管理局	市2016—2017年度"安康杯"竞赛优胜单位	
2017年4月	省人力资源和社会保障厅	2017年四川省会计工作先进集体	
2017年4月	市总工会	工人先锋号	
2017年4月	市教育局	全市安全教育课件大赛	一等奖
2017年5月	市教育局等单位	市2017年中华经典诵读比赛	一等奖
2017年5月	市教育局	市"市级文明校园"	
2017年5月	西华师范大学	2015—2016年继续教育先进集体	

续表6-3

时　间	主办、颁奖单位	比赛或活动获奖项目	获奖情况
2017年5月	市教育局	2017年遂宁市中小学生运动会排球比赛高中男子组	第六名
2017年5月	市教育局	2017年遂宁市中小学生运动会排球比赛高中女子组	第四名
2017年5月	全国中等职业学校"文明风采"竞赛组织委员会	第十三届全国中等职业学校"文明风采"竞赛作品《舞蹈〈迷彩英雄〉》获得"才艺展示类"	二等奖
2017年5月	全国中等职业学校"文明风采"竞赛组织委员会	第十三届全国中等职业学校"文明风采"竞赛作品《快乐的音乐课》获得"才艺展示类"	优秀奖
2017年5月	全国中等职业学校"文明风采"竞赛组织委员会	第十三届全国中等职业学校"文明风采"竞赛作品《童话剧〈森林一家亲〉》获得"才艺展示类"	二等奖
2017年5月	省中等职业学校"文明风采"竞赛组织委员会	省第十三届全国中等职业学校"文明风采"竞赛省级复赛作品《望月》获得"才艺展演类"	二等奖
2017年5月	省中等职业学校"文明风采"竞赛组织委员会	省第十三届全国中等职业学校"文明风采"竞赛省级复赛作品《勇敢的印记》获得"才艺展演类"	二等奖
2017年5月	省中等职业学校"文明风采"竞赛组织委员会	省第十三届全国中等职业学校"文明风采"竞赛省级复赛作品《争执》获得"才艺展演类"	二等奖
2017年5月	省中等职业学校"文明风采"竞赛组织委员会	省第十三届全国中等职业学校"文明风采"竞赛省级复赛	优秀组织奖
2017年5月	中国美术书画院等单位	第十二届"飞天杯·金色童年"全国青少年儿童书画摄影征文艺术展示活动	集体特等奖

续表6-3

时间	主办、颁奖单位	比赛或活动获奖项目	获奖情况
2017年6月	市教育局	2017年遂宁市中等职业学校学生AutoCAD机械制图竞赛团体	一等奖
2017年6月	巴中市教育局	2017年"南方测绘杯"技能大赛导线测量项目	二等奖
2017年6月	巴中市教育局	2017年"南方测绘杯"技能大赛水准测量项目	三等奖
2017年6月	市旅游局等单位	2017年遂宁市导游（讲解员）大赛	组织奖
2017年7月	市教育局	省"展绿色发展 健康成长"万名青少年夏令营暨遂宁市分营活动教育系统先进集体	
2017年7月	市教育局	市中等职业学校电工电子等四大类专业技能抽考总成绩	第一名
2017年11月	市教育局	2017年中等职业教育学生技能大赛	团体一等奖
2017年11月	市教育局	市中小学生"感恩·扶贫"主题作文竞赛	优秀组织奖
2017年12月	市教育局	市教育系统2017年度"防溺水"普及阅读活动	先进集体
2017年12月	中国文化管理协会青少年艺术委员会等单位	第九届"飞翔中国"全国青少年儿童书画摄影展示交流活动艺术教育	集体特等奖
2018年2月	共青团四川省委	省五四红旗团支部	
2018年3月	市教育局	2017年度区县（园区）教育局和市直属公民办学校目标考核	优胜单位
2018年4月	市教育局	市中小学生运动会田径比赛中职男子组团体	第二名

续表6-3

时　　间	主办、颁奖单位	比赛或活动获奖项目	获奖情况
2018年4月	市教育局	市中小学生运动会田径比赛，中职女子组团体	第二名
2018年5月	共青团遂宁市委	市五四红旗团委	
2018年6月	市教育局	市首届"大美中国·美育遂宁"教师艺术作品展	优秀组织奖
2018年6月	省中等职业学校"文明风采"竞赛组织委员会	省第十四届全国中等职业学校"文明风采"竞赛	优秀组织奖
2018年6月	中共遂宁市委教育工作委员会	先进基层党组织	
2018年9月	市教育局	2018年遂宁市第九届中小学生艺术节参赛作品《璇璇璇》	一等奖
2018年9月	市教育局	2018年遂宁市第九届中小学生艺术节	优秀组织奖
2018年11月	市委宣传部、文明办、市教育局	市2018年中华经典诵读决赛	特等奖
2018年11月	市中职技能大赛组委会	市中等职业教育师生技能（才艺）大赛团体	一等奖
2018年11月	省教厅、省精神文明建设办公室	"川蜀名士烁古今"四川省第二届（金凫奖）中小学生微电影展	优秀组织奖
2018年11月	省教厅、省精神文明建设办公室	"川蜀名士烁古今"四川省第二届（金凫奖）中小学生微电影展	最佳音色奖
2018年11月	中国美术书画院等	第十三届"飞天杯"全国青少年比赛书画摄影展	集体特等奖
2018年11月	省电化教育馆、四川教育电视台	省第十三届中小学校园影视评选活动（《走进星级班级》）	一等奖

续表6—3

时　　间	主办、颁奖单位	比赛或活动获奖项目	获奖情况
2018年11月	省电化教育馆、四川教育电视台	省第十三届中小学校园影视评选活动（《文明礼仪就在身边——职校生一日常规》）	一等奖
2018年11月	省电化教育馆、四川教育电视台	省第十三届中小学校园影视评选活动（《隐形的翅膀——榜样就在我身边》）	一等奖
2018年11月	市教育局、市体育局	2018年遂宁市中小学篮球比赛中职男子组	冠军
2018年11月	市教育局、市体育局	2018年遂宁市中小学篮球比赛中职女子组	冠军
2018年12月	市财政局	2017年度部门决算编审工作先进单位	
2019年3月	市教育和体育局	2019年遂宁市中学生运动会田径比赛	体育道德风尚奖
2019年3月	市教育和体育局	2019年遂宁市中学生运动会田径比赛中职男子组	团体第二名
2019年5月	市人民政府	市2018—2019年度"三个十万"职工劳动竞赛二极管封装点胶机的技改创新研究	创新成果优秀奖
2019年7月	福建师范大学网络与继续教育学院	福建师范大学成人高等教育2019年度优秀单位	优秀单位
2019年9月	省财经职业教育联盟	2019年四川省财经职业教育联盟中职会计技能大赛	团体三等奖
2019年10月	省教育厅、电教馆	校园影视作品《夯实基础创新驱动，助推立德树人工作迈上新台阶》专题片在四川省第十四届校园影视教育成果展示交流活动	一等奖

续表6－3

时　　间	主办、颁奖单位	比赛或活动获奖项目	获奖情况
2019年10月	省教育厅、电教馆	校园影视作品《中华经典诵读原创节目（屈原）台前幕后》综艺节目在四川省第十四届校园影视教育成果展示交流活动	一等奖
2019年10月	省教育厅、电教馆	校园影视作品《国旗下的青春》微电影在四川省第十四届校园影视教育成果展示交流活动	一等奖
2019年10月	省教育厅、电教馆	校园影视作品《我的汉服秀》综艺节目在四川省第十四届校园影视教育成果展示交流活动	二等奖
2019年11月	省教育厅、教育报刊社	校园影视作品《国旗下的青春》微电影在四川省第三届中小学生微电影展示交流活动	最佳指导奖
2019年11月	省教育厅、教育报刊社	校园影视作品《我和我的祖国》微电影在四川省第十四届校园影视教育成果展示交流活动	优秀组织奖
2019年11月	省教育厅	省民族地区"9＋3"免费教育计划工作先进集体	省级先进集体
2019年11月	市教育和体育局	2019年遂宁市中等职业教育学生技能大赛	团体一等奖
2019年12月	全国青少年书画摄影展示交流活动组委会	"飞翔中国"全国青少年儿童书画摄影展示交流活动艺术教育	集体一等奖
2019年10月	省教育厅、电教馆	校园影视作品《国旗下的青春》微电影在四川省第十四届校园影视教育成果展示交流活动	提名春蚕奖

续表6-3

时间	主办、颁奖单位	比赛或活动获奖项目	获奖情况
2020年1月	中共遂宁市委宣传部、中共遂宁市直属机关工作委员会、遂宁市教体局	市迎新春·庆元旦全民健身跑活动	一等奖
2020年4月	市教体局	2020年四川省中等职业学校技能大赛	优秀集体奖、一等奖
2020年1月	省职业院校技能大赛组织委员会	2020年四川省中等职业学校技能大赛"职业英语技能"比赛（服务类）	团体二等奖
2020年1月	省职业院校技能大赛组织委员会	2020年四川省中等职业学校技能大赛电子商务类	团体一等奖
2020年1月	省职业院校技能大赛组织委员会	2020年四川省中等职业学校技能大赛酒店服务类	团体二等奖
2020年1月	省职业院校技能大赛组织委员会	2020年四川省中等职业学校技能大赛网络搭建及应用类	团体二等奖
2020年1月	省职业院校技能大赛组织委员会	2020年四川省中等职业学校技能大赛汽车营销类	团体三等奖
2020年1月	省职业院校技能大赛组织委员会	2020年四川省中等职业学校技能大赛零部件测绘与CAD成图类	团体三等奖
2020年1月	省职业院校技能大赛组织委员会	2020年四川省中等职业学校技能大赛新能源汽车检测与维修类	团体三等奖
2020年9月	市教体局	2020年四川省职业学校教师教学能力比赛	优秀集体奖

（二）市职校部分校友名录

表6-4

姓名	性别	毕业班级
袁诗莛	男	1914年省三师1班

续表6-4

姓名	性别	毕业班级
苟祥珂	男	1922年省三师9班
李乃实	男	1915年省三师副教员讲习科毕业
苟鸣珂	男	省三师五年制第10班
罗闵	男	1922年省三师乡村师范第9班
吕朝相	男	1936年师范普通科第十班
张英	男	乡村师范1940届一班
黄绍群	男	乡村师范1940届二十七班
甘立功	男	1944届第十三班
余衍漪	女	1946届第十八班
王道遵	男	1948届乡村师范第27班
杨洪荣	男	1948届县立师范前期1班
唐克柱	男	1949届省遂师31班
袁可荘	男	1949届省遂师31班
蒋含光	男	1949届省遂师33班
刘素华	女	1949届三十四班
张宜荣	男	1950届师一班
梁新	男	1950届师一班
张籍中	男	1950届师一班
陈清泉	男	1950届师一班
刘安寿	男	1950届师一班
雷金声	男	1950届县师后一班
补贤良	男	1950届县师后一班
王文贵	男	1950届县师后一班
熊明安	男	1951届师三班
刘钧铭	男	1951届师三班
刘天星	男	1952届师五班
曾前隆	男	1953届师七班

续表6—4

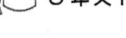

姓名	性别	毕业班级
陈晓铃	男	1955届中师10班乙组
熊宗德	男	1956届初师班
魏定琪	男	1956届1班
郑运祥	男	1957届2班
杜　渊	男	1957届2班
邹为正	男	1957届3班
朱重贤	男	1957届4班
鲜业篾	男	1957届5班
尚道珉	女	1958届1班
何元周	男	1958届1班
何昌礼	男	1958届1班
王　佐	男	1958届1班
何庆华	男	1958届1班
王锡宇	男	1958届1班
赖发祥	男	1958届2班
杨天鹏	男	1958届2班
曾经书	男	1958届2班
陈元钦	男	1958届3班
刘培直	男	1958届3班
王传良	男	1958届3班
萧世碧	女	1958届4班
潘兴准	男	1958届4班
汪家伦	男	1958届4班
王昭奎	男	1958届4班
余蕙光	女	1958届4班
唐伯轩	男	1958届4班
萧坤全	男	1958届5班

续表6-4

姓名	性别	毕业班级
王益茂	男	1958届5班
包国裕	男	1958届5班
廖义全	男	1958届6班
周训政	男	1958届6班
李武聪	男	1958届6班
熊丕成	男	1959届1班
柴应荣	男	1959届1班
郑仲文	男	1959届1班
周汝银	男	1959届2班
黄明海	男	1959届2班
廖光彩	男	1959届2班
周林友	男	1959届4班
杨常德	男	1959届4班
吴时学	男	1959届8班
赵熙樵	男	1959届8班
余玉成	男	1960届1班
王承松	男	1960届1班
梁含光	男	1960届3班
文福华	男	1960届4班
任全辉	男	1960届4班
杨椒伦	男	1960届4班
刘道江	男	1960届4班
崔德清	男	1960届4班
何治开	男	1960届4班
覃会昌	男	1960届4班
何治亮	男	1961届
徐复光	男	1961届

续表6-4

姓名	性别	毕业班级
唐振位	男	1961届
卢益勤	男	1962届2班
余恕熹	男	1962届3班
张光碧	女	1964届1班
李武学	男	1964届2班
周南俊	男	1965届1班
曾洪章	男	1966届1班
谢碧华	女	1966届2班
李道胤	男	1968届1班
赵永行	男	1968届1班
张明慧	女	1968届2班
腾彩元	男	1968届2班
翟义仲	男	1971届短训班1排
唐大平	男	1972届
罗良荣	男	1972届1班
任福成	男	1972届1班
王良义	男	1972届1班
谭光全	男	1972届1班
魏福友	男	1972届2班
王兴华	男	1972届2班
徐和荣	男	1972届2班
邓学建	男	1972届3班
徐平	女	1972届4班
杨清云	男	1972届4班
罗红英	女	1973届2班
彭华英	女	1973届2班
李晓华	男	1973届2班

续表6-4

姓名	性别	毕业班级
蒋开诚	男	1973届2班
石映明	女	1973届4班
易方楷	男	1973届4班
杨贤明	男	1973届7班
郑小平	男	1975届1班
曾志宏	男	1975届1班
滕飞豹	男	1975届1班
刘义苑	男	1975届2班
刘世才	男	1975届2班
王林生	男	1975届3班
何元超	男	1975届3班
蒋定喜	男	1976届2班
高垣垠	男	1976届2班
谢文朗	男	1977届
何先觉	男	1977届高师数学班
周尚文	男	1977届高师语文班
谢贤玉	男	1977届2班
方云碧	女	1978届2班
李 强	男	1978届3班
胡士泉	男	1978届3班
邓绍志	男	1978届3班
徐秀英	女	1978届3班
陈晓冬	男	1978届数理班
聂兆科	男	1979届文科班
谭国应	男	1979届文科班
周光宁	男	1979届文科班
任世平	男	1979届文科班

续表6—4

姓名	性别	毕业班级
王金星	男	1979届文科班
向　来	男	1979届文科班
米洪义	男	1979届文科班
伍三春	女	1979届文科班
邓祖永	男	1979届数理班
罗松林	男	1979届数理班
吴尚贵	男	1979届数理班
许盛文	男	1979届数理班
石　平	男	1979届数化班
吴光镭	男	1979届高师班
王文勤	男	1979届高师班
周正尧	男	1980届文科班
陈清立	男	1980届文科班
陈素君	女	1980届文科班
罗崇兰	女	1980届文科班
李　旅	女	1980届文科班
米仁奎	男	1980届数理班
高　均	男	1981届数理班
陈沛林	男	1981届数理班
代国顺	男	1981届数化班
王忠诚	男	1981届数化班
蒋　礼	男	1981届数化班
欧阳军	男	1981届普师班
王瑞清	男	1981届1班
罗文武	男	1981届1班
刘　辉	男	1981届1班
李兴继	男	1981届1班

续表6－4

姓名	性别	毕业班级
苏　虹	女	1981届1班
李敬科	男	1981届2班
李安友	男	1982届2班
陈继辉	男	1982届2班
夏先富	男	1982届2班
吕　伟	男	1982届2班
金值伟	男	1982届2班
谭万学	男	1982届2班
宋远伦	男	1982届3班
汤中骥	男	1982届3班
马培松	男	1982届3班
许健康	男	1982届3班
万怀荣	男	1982届4班
唐光贵	男	1982届4班
吴志洪	男	1982届4班
王扬金	男	1982届4班
袁学文	男	1982届4班
刘秉光	男	1982届4班
王永贵	男	1982届4班
赵成兴	男	1982届4班
杨保同	男	1982届4班
杨晓青	女	1982届6班
杨哲喜	男	1982届6班
谢　伟	男	1982届6班
刘兴义	男	1982届7班
周　伟	男	1982届7班
周　健	男	1982届8班

续表6－4

姓名	性别	毕业班级
王 宏	男	1982届8班
易远友	男	1982届8班
杨 凤	女	1983届1班
杨勋文	男	1983届1班
缑杨木	男	1983届1班
林晓凤	女	1983届3班
叶连贵	男	1983届4班
谢德芳	女	1983届4班
周维东	男	1983届4班
段 雄	男	1983届4班
徐如坤	男	1983届2班
陈红敏	男	1985届1班
黄开富	男	1985届1班
廖廷军	男	1985届1班
邓子兵	男	1985届1班
邓 兵	男	1985届2班
张向福	男	1985届2班
彭 文	男	1985届2班
张琼华	女	1985届3班
易鹏飞	男	1985届3班
杨 勇	男	1985届3班
王 宁	男	1985届3班
刘 川	男	1985届4班
熊祖国	男	1985届4班
谢 勇	男	1985届4班
廖福金	男	1985届4班
林建国	男	1985届4班

续表6－4

姓名	性别	毕业班级
夏先同	男	1985届4班
李宏明	男	1985届5班
冯 俊	男	1985届5班
彭建平	男	1985届5班
刘治辉	男	1985届5班
唐 兵	男	1985届5班
谢志英	女	1985届5班
严君昌	男	1985届5班
吴红梅	女	1985届5班
周 新	男	1985届6班
曹 武	男	1985届6班
陈德兵	男	1985届6班
唐辉军	男	1985届6班
李 萍	女	1985届短训班
邹显斌	男	1986届1班
梁建波	男	1986届2班
熊 杰	男	1986届2班
唐 静	男	1986届3班
杨文辉	男	1986届3班
罗润平	男	1986届4班
胡 云	男	1986届4班
陶 阳	男	1986届4班
徐建春	男	1986届4班
唐 琼	女	1984级1班
袁爱军	男	1984级1班
任慧兰	女	1984级1班
刘 志	男	1984级1班

续表6－4

姓名	性别	毕业班级
付　莉	女	1984级1班
周胜勇	男	1984级1班
蒋国英	女	1984级2班
曹良华	男	1985级2班
李　洁	女	1985级2班
段学军	男	1985级4班
刘建勤	男	1986级1班
王治国	男	1986级1班
蒋　萍	女	1986级2班
向　丽	女	1986级2班
高大洪	男	1986级2班
卢　静	女	1986级2班
邓正强	男	1986级2班
黄红波	男	1986级3班
郑　国	男	1986级3班
周利民	男	1986级3班
王运辉	男	1986级3班
何全昌	男	1986级3班
段　军	男	1986届1班
徐建军	男	1987级1班
钟方斌	男	1987级1班
张智勇	男	1987级2班
姚　明	男	1987级3班
伍　洪	男	1987级3班
李　翎	男	1987级3班
米　强	男	1987级3班
漆　洵	男	1987级3班

续表6-4

姓名	性别	毕业班级
周洪贵	男	1987级4班
唐建军	男	1987级4班
陈小川	男	1988级化工班
蒋 晟	男	1988级4班
胡志兰	女	1988级4班
刘 希	男	1989级1班
王平兴	男	1989级1班
许安富	男	1989级2班
杨宏伟	男	1990级2班
徐 华	男	1990级2班
陈旭刚	男	1990级3班
熊翠萍	女	90级企管班
林 英	女	90级企管班
杨耀华	男	90级企管班
陆小平	男	1991级1班
邓勇	男	1991级2班
夏建军	男	1991级2班
胡建军	男	1991级2班
周汉知	男	1991级2班
夏典举	男	1991级3班
向诚	男	1992级2班
刘文明	男	1992级2班
邓伟	男	1992级4班
刘平	男	1992级4班
张弢	男	1992级5班
张华	男	1994级财会班
邹敏	男	1995级1班

续表6—4

姓名	性别	毕业班级
吴红兵	男	1996级2班
刘洋	男	1996级计算机
何明	男	2001级8班
郭成	男	2001级8班

第二节 影 响

一、领导来访

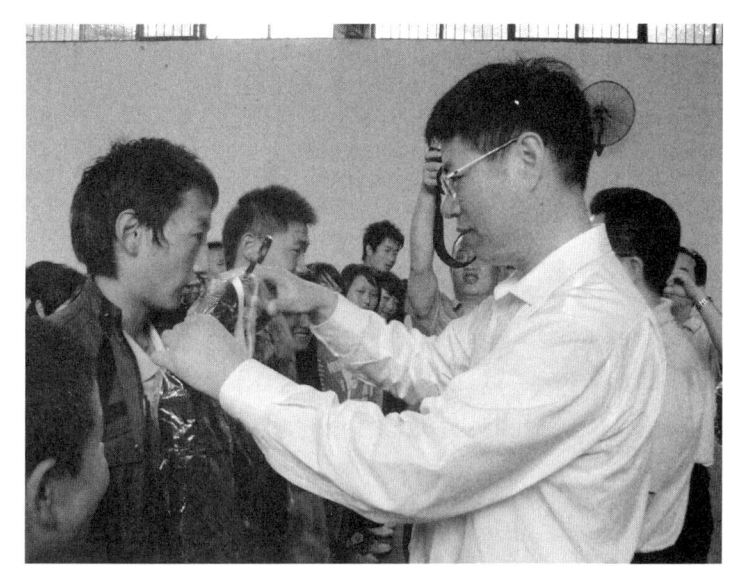

图6-8 市委书记在遂宁市职业技术学校给"9+3"学生赠送校服

图6-9 省教工委周委员到遂宁市职业技术学校视察工作

图6—10 "6·30"特大洪灾市教育局局长张永福视察学校

图6—11 眉山工程技师学院来访

图 6—12 川南幼专访校

图 6—13 教育局局长肖霞到校开展调研

图 6—14 心理健康教育迎检

图 6—15 成都蒲江中专校参观考察

图 6—16　邓市长到校视察

图 6—17　副市长袁冰到校慰问教职工

图6-18 遂宁市"9+3"免费教育十周年座谈会

图6-19 省教厅厅长李江到校开展调研

图 6—20　省示范校第一年检查

图 6—21　市委宣传部部长涂虹到校调研防疫工作

图 6—22 市委组织部周鸿调研

图 6—23 西航领导到校考察

图 6—24　市教体局领导检查

图 6—25　市常委纪委书记谭晓政一行到校调研

第六章　学校文化育人的成效及影响

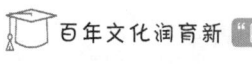

图 6—26 市政协考察团莅临我校考察指导

图 6—27 省示范校第二年检查

图6—28　市教体局局长肖霞宣讲党的十九届五中全会精神

图6—29　2020年"意识是形态"工作检查

百年文化润育新"四有"技能人才

图6-30　国家教育部领导视察我校与我校学生合影

图6-31　教育部专家到学校调研"9+3"工作

图6—32 市委书记邵革军慰问"9+3"教师

图6—33 省教育厅副厅长姜树林同志视察学校工作

图6—34 省教厅职成处领导尤伟指导遂宁市中等职业教育师生技能（才艺）大赛并视察学校

图6—35 省教育厅教务处吴蕊处长到校考察

图 6—36　省内务示范学校评估组到校检查

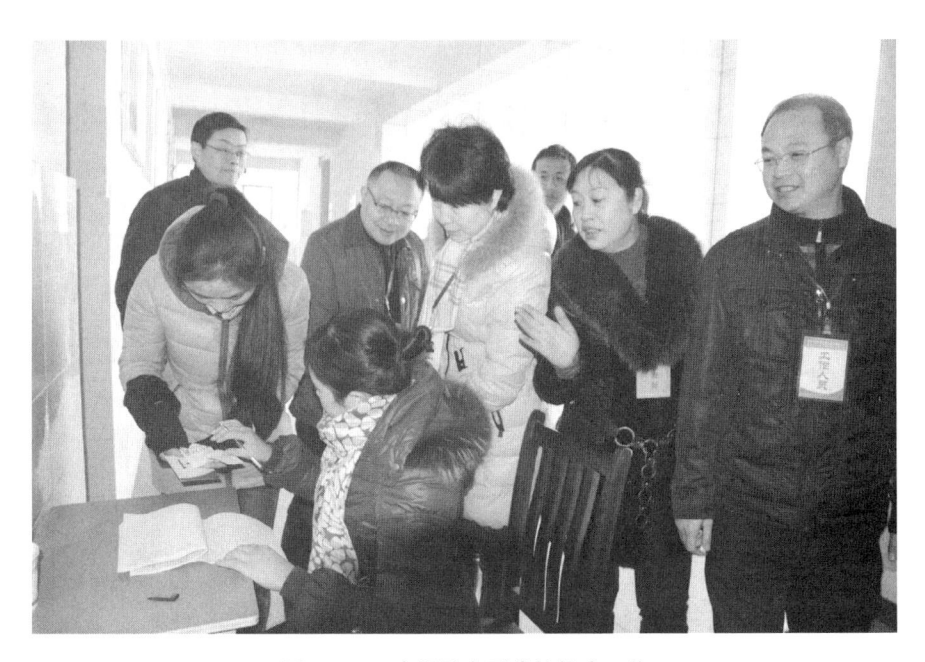

图 6—37　省语委办到我校视察工作

图 6—38　市级领导视察学校

图 6—39　市教体局副局长严君昌到校调研

图6—40 市长胡长生到校考察

图6—41 市委书记崔保华、市长何华章等市委、市人大、市政府、市政协领导在遂宁市职业技术学校

第六章 学校文化育人的成效及影响

图6—42 朱兵、何大海到校视察

图6—43 资深书法家、校友蒋含光（左一）

二、媒体报道

表6－5 媒体报道内容一览表

新闻名称	网址	报道单位
18岁成人礼	http://zhcs.chinareports.org.cn/jyzx/2018/0511/4337.html	中国报道·智慧城市
19年经典诵读	http://zhcs.chinareports.org.cn/lyjj/2019/1130/8543.html	中国报道·智慧城市
19年双选会	http://zhcs.chinareports.org.cn/jyzx/2019/0111/5866.html	中国报道·智慧城市
20年技能大赛闭幕式	https://sichuan.eol.cn/scjc/202011/t20201116_2037232.shtml	中国教育在线
9+3十周年	http://zhcs.chinareports.org.cn/shms/2019/0627/7196.html	中国报道·智慧城市
爱国开学第一课	https://suining.scol.com.cn/jy/202009/57896757.html	四川在线
不忘初心，牢记使命——党性修养示范培训班学习汇报	https://www.eol.cn/sichuan/sc_school/201807/t20180712_1616628.shtml	中国教育在线
传承中华文明 塑造学校形象（18年经典诵读）	https://www.eol.cn/sichuan/sc_school/201811/t20181109_1632422.shtml	中国教育在线
遂宁市职业技术学校执行《国旗法》坚持每天升降国旗	http://zhcs.chinareports.org.cn/djxw/2019/0514/6838.html	中国报道·智慧城市
四川：遂宁市职业技术学校社区教育开班仪式创新教育模式	http://zhcs.chinareports.org.cn/jyzx/2019/0309/6154.html	中国报道·智慧城市
射洪职校组团考察学习遂宁市职业技术学校汽修专业	http://zhcs.chinareports.org.cn/jyzx/2018/0718/4790.html	中国报道·智慧城市
市职校师生认真收看"庆祝改革开放四十周年大会"直播节目	https://sichuan.eol.cn/sc_school/201812/t20181218_1637708.shtml	中国教育在线
市职校掀起"学习时代楷模 倡导奉献精神"的热潮 进一步推进作风整治行动深入开展	https://www.eol.cn/sichuan/sc_school/201811/t20181129_1635217.shtml	中国教育在线

续表6—5

新闻名称	网址	报道单位
四川:遂宁市职校2018级新生开学军训 磨砺意志奋力前行	http://zhcs.chinareports.org.cn/jyzx/2018/0901/5016.html	中国报道·智慧城市
四川:遂宁市职校努力打造职教名片 今年单招高考再创佳绩	http://zhcs.chinareports.org.cn/jyzx/2018/0716/4776.html	中国报道·智慧城市
四川:遂宁市职校五举措助力每一位学子个性化成长	http://zhcs.chinareports.org.cn/jyzx/2018/0716/4777.html	中国报道·智慧城市
四川省宜宾市政协教育部门到遂宁市考察交流高中教育	http://zhcs.chinareports.org.cn/djxw/2018/0824/4958.html	中国报道·智慧城市
遂宁市关工委在遂宁市职业技术学校举行爱国主义教育报告会	http://zhcs.chinareports.org.cn/jyzx/2018/0527/4464.html	中国报道·智慧城市
遂宁市教育局党组成员、副局长严君昌莅临市职校进行"七一"慰问	https://www.eol.cn/sichuan/sc_school/201806/t20180630_1614241.shtml	中国教育在线
遂宁市职校"红色革命教育实践活动"	https://www.eol.cn/sichuan/sc_school/201807/t20180710_1616230.shtml	中国教育在线
遂宁市职校开展缅怀革命英烈传承优良传统教育活动	http://zhcs.chinareports.org.cn/ddjs/2018/0718/4791.html	中国报道·智慧城市
遂宁市职校领导到成都党建特色学校考察党建活动室建设	https://sichuan.eol.cn/sc_school/201806/t20180625_1612438.shtml	中国教育在线
遂宁市职校隆重举行庆祝建党97周年活动	https://www.eol.cn/sichuan/sc_school/201806/t20180627_1613297.shtml	中国教育在线
遂宁市职校落实首届建档立卡"志强班"毕业生实习与就业工作	http://zhcs.chinareports.org.cn/jyzx/2019/0117/5891.html	中国报道·智慧城市
遂宁市职校请专家举办"关注心理健康,乐享幸福生活"讲座	http://zhcs.chinareports.org.cn/jyzx/2018/0718/4789.html	中国报道·智慧城市
遂宁市职校全体教职员工观看反腐警示影片《守梦者》	https://suining.scol.com.cn/jy/201812/56754022.html	四川在线

续表6-5

新闻名称	网址	报道单位
遂宁市职校召开2018年上期德育表彰大会	https://sichuan.eol.cn/sc_school/201904/t20190411_1654185.shtml	中国教育在线
遂宁市职校召开教学诊改工作推进会	https://sichuan.eol.cn/sc_school/201811/t20181120_1633737.shtml	中国教育在线
遂宁市职业技术学校举行青春期女生健康知识讲座	https://sichuan.eol.cn/sc_school/201804/t20180412_1595074.shtml	中国教育在线
遂宁市职业技术学校楠木社区教育基地2018重阳节活动简报	https://www.eol.cn/sichuan/sc_school/201810/t20181022_1629620.shtml	中国教育在线
遂宁市职业技术学校参加第二届四川职业教育国际博览会受赞誉	http://zhcs.chinareports.org.cn/jyzx/2018/1024/5331.html	中国报道·智慧城市
遂宁市职业技术学校参加全民健身跑活动	https://sichuan.eol.cn/sc_school/201901/t20190104_1640401.shtml	中国教育在线
遂宁市职业技术学校举行"2019届毕业生双选会"	http://zhcs.chinareports.org.cn/jyzx/2019/0111/5866.html	中国报道·智慧城市
遂宁市职业技术学校举行准军事化管理启动仪式	https://sichuan.eol.cn/sc_school/201805/t20180504_1598515.shtml?appinstall=0	中国教育在线
遂宁市职业技术学校老师聆听刘旭辉教授宣讲市委七届六次全会精神	https://www.eol.cn/sichuan/sc_school/201809/t20180927_1627037.shtml	中国教育在线
遂宁市职业技术学校四举措抓作风建设迎新年开学	https://www.eol.cn/sichuan/sc_school/201902/t20190226_1646320.shtml	中国教育在线
遂宁市职业技术学校在中职技能大赛中抱得一等奖20个	http://zhcs.chinareports.org.cn/jyzx/2018/1212/5727.html	中国报道·智慧城市
遂宁市职业技术学校召开2019届建档立卡家庭毕业生就业座谈会	http://zhcs.chinareports.org.cn/djxw/2019/0122/5899.html	中国报道·智慧城市
遂宁职业技术学校迎来开学首次集会	https://sichuan.eol.cn/sc_school/201809/t20180905_1623678.shtml	中国教育在线

续表6-5

新闻名称	网址	报道单位
我们相信职业学校教育能成就自己的人生追求——对话遂宁市职业技术学校高中生	http://zhcs.chinareports.org.cn/jyzx/2018/0701/4702.html	中国报道·智慧城市
迎接全国文明城市复检 遂宁市职校整治校园作风	https://suining.scol.com.cn/jy/201812/56768489.html	四川在线
争创省"双示范"院校 遂宁市职校开展"大调研"活动（示范校调研）	https://suining.scol.com.cn/jy/201811/56655994.html	四川在线
遂宁市职业技术学校 举行青春期女生健康知识讲座	http://zhcs.chinareports.org.cn/jyzx/2018/0421/4178.html	中国报道·智慧城市
数学家、诗人、浙江大学教授蔡天新在遂宁市职业技术学校主讲《从看见到发现》	http://zhcs.chinareports.org.cn/txzx/2018/0106/3381.html	中国报道·智慧城市
遂宁市职业技术学校韦唯荣获国家级"最美中职生"称号	https://sichuan.eol.cn/sc_school/201904/t20190408_1653482.shtml	中国教育在线
"翰墨飘香，江山秀色"——遂宁市职业技术学校举行喜迎建国70周年教职工书画作品展	https://sichuan.eol.cn/sc_school/201909/t20190929_1685296.shtml	中国教育在线
遂宁市职业技术学校积极推动结对帮扶 助推帮扶村精准扶贫	https://sichuan.eol.cn/sichuan-news/201709/t20170904_1551929.shtml	中国教育在线
遂宁市职业技术学校蒲利娟老师代表四川参加"全国中职学校班主任专业能力研学提升活动"	https://sichuan.eol.cn/sc_school/201803/t20180327_1592174.shtml	中国教育在线
遂宁市职业技术学校党委开"良方"治"两病"	https://sichuan.eol.cn/sc_school/201903/t20190326_1651528.shtml	中国教育在线
遂宁市职业技术学校邀请市委党校原副校长石平宣讲习总书记对四川的重要指示精神	https://www.eol.cn/sichuan/sc_school/201901/t20190121_1642633.shtml	中国教育在线
"五个确保"引领学校健康发展 遂宁市职业技术学校召开2020年秋季开学工作会	https://suining.scol.com.cn/jy/202009/57896761.html	四川在线

续表6-5

新闻名称	网址	报道单位
爱国、爱党、爱校、爱家——遂宁市职业技术学校开学第一课	https://suining.scol.com.cn/jy/202009/57896757.html	四川在线

三、社会贡献

（一）技能人才培养

我校积极履行"遂宁市普通话考级培训中心""遂宁市教师继续教育培训中心"职能。通过"遂宁市普通话测试中心"微信公众号及时发布相关培训测试的信息和要求，利用网络在线功能，实现报名→缴费→培训→测试→成绩查询（包括历年来历史成绩查询）一站式服务，贯彻落实省测中心培训测试常态化工作要求。目前完成了培训及测试人数共计百万元人次，为学校创造了良好的经济效益和社会效益。

（二）社会服务

为贯彻和落实党中央、国务院"把'大力发展继续教育，建设终身学习的学习型社会'纳入我们党'民生工程'"，把继续教育纳入教育事业发展的战略规划的精神，我校积极响应上级号召，2019年初启动开展社区教育工作，并于2020年7月正式挂牌成立"遂宁社区大学"。通过创建遂宁社区教育公众号、设计遂宁社区大学的logo，保证了及时更新遂宁社区教育动态；通过挂牌楠木社区教育基地、遂宁瑜伽协会社区教育基地、邮拱局社区教育基地、灵应寺社区教育基地，延伸了社区居民学习空间，推动了社区教育工作高质量开展。

以"遂宁社区大学"为载体，学校2020年开展了一系列丰富多彩的社区活动：

配合经开区社事局开展了"缤纷四季"街头文化活动，参与表演人数共计174人；

协同遂宁市瑜伽协会面向全市瑜伽爱好者免费开放"2020成渝双城万人瑜伽大会"的相关课程排练，组织700余人参与现场展演，完成大会创吉尼斯纪录活动；

聚力由市妇联牵头、灵应寺社区主办的遂宁微笑公益社——"少儿合唱团"的排练工作，并在南津路街道办4楼会议室开展6场艺术活动，在楠兴小区开展"爱在邻里，幸福家庭"大讲堂和"快乐学烘焙——甜甜圈"活动，吸引全市不同社区居民200余人次参与其中。

（三）对口支援

1. 威州民族师范学校对口帮扶工作

为进一步落实省市教育主管部门对口帮扶工作安排，促进学校与威州民族师范学校均衡、和谐发展，2020年5月，党委副书记蒋国英同志带领党办、教科室相关同志赴威州民族师范学校开展党务工作交流和联合教研活动；2020年10月，副校长曹武同志带领培训处、校团委、校园广播电视台负责人郑政及学校5名优秀学生干部，赴威州民族师范学校开展为期四天的游学活动。通过送教、交流、游学活动，加强了民族团结、携手筑牢中华民族共同体意识，也进一步促进两校间深度合作携手共建共享。

2. 宝祥村脱贫帮扶工作

2020年是坚决打赢脱贫攻坚战的决战决胜之年，也是全面建成小康社会和"十三五"规划的收官之年。按计划，我校参与帮扶的宝祥村将于2020年完成验收。我校在这一年之中，做了以下相关工作，为脱贫攻坚、精准扶贫大业助力。

（1）组建志愿者宣传队进村，开展志愿者活动

2020年9月30日，曹武校长带队至大英县金元乡端祥村、安居区横山镇飞虎寨村入户进行政策宣讲及情况摸排，采取"一帮多""一帮一"或"多帮一"等方式，对校内或校外困难学生家庭开展帮扶活动。

图6—44　市职校开展下乡帮扶活动

（2）开展主题教育实践活动

我校利用德育大课堂、班团会、广播室、黑板报等宣传阵地，举办新学年"励志班""感恩党感恩祖国"等多种主题教育活动，增强学生爱国热情、公益爱心和社会责任感。

图 6-45　市职校"9+3"十周年庆祝活动

（3）开展自愿捐赠活动

2020年10月14日，我校举行"扶贫日捐赠仪式"，向全校教职工进行扶贫教育相关思想的宣讲，并做出了将捐赠活动纳为全年常态化工作的决定，同时组织全校师生开展自愿捐款活动，共筹得捐款16900元，所筹捐款上交扶贫基金会。

（4）开展教育救助活动

我校按照《遂宁市职业技术学校国家助学金评选办法》等相关规章制度与精准扶贫工作要求，通过建立精准扶贫对象详细档案，推进志强班并按相关要求发放各项补助、透明各类奖助学金发放工作等举措，严格落实精准扶贫资助政策，救助工作覆盖率高。

（5）开展以购代扶活动

在2017年至2020年期间，我校组织党员干部共计7次到遂宁市安居区飞虎寨村看望慰问结对帮扶的贫困家庭。2020年6月飞虎寨村李子成熟季节，我校全体党员及部分教职工积极响应号召，广泛参与购买李子，购买人数达130人，购买李子136箱，总计1200余斤，为飞虎寨村帮扶对象创收近3000元，有效地培养了贫困群众发展生产的积极性，激发贫困群众的内生动力，变"输血"为"造血"。我校食堂积极开展消费扶贫行动，2020年参与扶贫产品线下销售33次，购买三家大米等农产品近20万元。

(6) 专项资金助力改善村卫生条件

针对帮扶村宝祥村垃圾站不规范问题，我校捐出6万元办公经费，用于各社建设垃圾定点倾倒点。

(四) 服务抗疫

"新冠肺炎"疫情出现以来，我校迅速落实全省公共卫生事件Ⅰ级响应措施，成立了校长为第一责任人的新冠肺炎疫情防控工作领导小组，下设七个工作组，确保全校师生、校内住户生命安全。

1. 防控措施得力

（1）建立联防联控机制。加强疫情排查，建立防疫工作专组、专业部、班级、学生及家长四级信息收集和报送网络，对校园内住户进行拉网式排查登记并严格管理。

（2）严防死守关键部位，加强校园管控。第一时间对校园重点部位——学生食堂、寝室、实训室和运动场馆进行封闭管理，对市职校区所有人员住户进行出入、聚集、宠物家禽管理。

（3）持续进行校园卫生消毒。后勤按要求对校园内值班区域、因公上班的公共区域和教职工生活区重点进行消毒。

（4）及时收集、更新上报数据。每日统计师生健康情况，进行动态更新和追踪统计。

2. 推进开学准备工作

制定《开学准备工作方案》《学校突发公共卫生事件应急预案》《传染病疫情及突发公共卫生事件的报告制度》《学生晨检、午检制度》《因病缺勤登记与病因追踪报告制度》《复课证明查验制度》《学生健康管理制度》《预防接种证查验制度》《环境卫生检查通报制度》《健康教育制度》《通风换气、消毒制度》等两案九制，建立师生每日健康报告制度，布置专门的隔离区域，确保开学防疫工作有序推进。

3. 开展"停课不停学"工作

严格落实教育部、四川省教育厅、市教体局的有关要求，积极开展信息化理论教学，合理安排实践教学时间，确保"停课不停教、不停学"工作有序开展。

4. 强化舆论引导和宣传教育

通过校园网、遂宁市职校公众号、微信群、QQ群等信息平台，广泛宣传疫情防控知识，确保疫情防控宣传信息及时传达到每位教职员工和学生；制定《疫情防疫与心理防护实施方案》，每天向师生推送普及心理健康常识，分析疫情期心理现象，开通学校 24 小时心理支持热线和网络心理援助服务，引导师生理性看待疫情。

5. 落实常态化疫情防控工作

疫情转缓后，按各级校园疫情防控工作的通知要求，高度重视疫情防控工作，落实校内疫情防控常规工作，做好师生每日"三检"，将常态化防控工作具体到日常细节。

参考文献

[1] 李红英. 构建积极的教师行为文化[J]. 湖北教育综合资讯, 2016 (8): 54-55.

[2] 赵亮. 学校行为文化对教师行为影响的研究进展与反思[J]. 当代教育与文化, 2020 (4): 68-71.

[3] 罗丹洁. 学校管理者社交行为文化建构探析[J]. 教育教学论坛, 2020 (42): 291-293.

[4] 谢晓富. 文化, 学校管理者的执着追求——关于文化意蕴与教师专业成长的几点思考[J]. 文教资料, 2007 (28): 28-29.

[5] 曹志鹏. 新时代学校管理者行为文化漫谈[J]. 湖南教育 (A版), 2020 (4).

[6] 刘启迪. 论我国课程文化建设的走向[J]. 湖南师范大学教育科学学报, 2018, 17 (6): 66-71.

[7] 任峰, 王平尧. 试论企业文化与校园文化的互渗和结合[J]. 宁波职业技术学院学报, 2002 (3): 94-96.

[8] 王雅茜. 中职课程设置的现状及其原因分析[J]. 科教导刊, 2018 (13).

[9] 姜新生. 学校课程文化及其生成[J]. 湖南师范大学教育科学学报, 2010, 9 (5).

[10] 李磊, 黄爱华. 职业学校课程文化的重建[J]. 科技信息 (科学教研), 2008 (25).

[11] 李洁. 基于人才培养的高职课程文化构建[J]. 现代商贸工业, 2015, 36 (21).

[12] 王炜. 高职课程文化的内涵、特色与建设策略[J]. 职教论坛, 2015 (20).

[12] 钱小龙, 汪霞. 守正与创新: 论互联网时代的课程文化[J]. 清

华大学教育研究,2020,41(4).

［14］邱相彬,李艺,沈书生.信息技术作用下的课程文化变革思维[J].教育研究,2017,38(9).

附录1 《遂宁市职业技术学校规章制度管理办法（试行）》

遂宁市职业技术学校文件

遂职行发〔2020〕9号

遂宁市职业技术学校
规章制度管理办法（试行）

第一章 总则

第一条 为规范管理，完善学校规章制度，提升执行力，确保我校各项规章制度符合国家有关法律法规，符合行业主管部门的相关要求，建立标准规范的规章制度体系，制定本办法。

第二条 本办法所称规章制度，指我校依据职责和权限，按照规定程序制定的各类规范党政思想教育、教师教育教学管理行为等具有长期约束力的规范性文件。

第三条 本办法所称的规章制度分为：制度、办法、细则。

第四条 学校相关制度建设和管理分为重要制度和一般性制度。

第二章 管理机构及职责

第五条 我校成立规章制度管理委员会（以下简称"委员会"），委员会由我校校领导组成，委员会下设规章制度管理办公室（以下简称"办公室"），办公室由各科处室负责人及专业部主任组成，办公室设在党政办。

第六条 委员会职责：

（1）负责审议我校规章制度的制定、修改和废止。

（2）负责签发我校规章制度。

第七条 办公室职责：

（3）贯彻国家法律法规、方针政策、上级规定。

（4）受理我校各处室规章制度的制定、修改、废止申请。

（5）对我校规章制度的可行性进行审查。

（6）是否符合公文处理要求进行审查。

第八条 各处室负责起草本处室职责范围内的规章制度，其职责：

（7）根据国家法律法规、方针政策、上级规定和我校教育教学管理需要，提出制定、修改、废止规章制度的申请。

（8）规章制度的起草、征询意见、修订和废止。

（9）负责制度宣传、培训、指导和监督。

第三章 规章制度起草申请

第九条 处室起草前对规章制度的适用范围、适用对象、与现有我校规章制度的关系、需要解决的主要问题和解决方案、工作流程、管理职责划分等做出充分论证，根据论证结果填写起草申请表，并起草规章制度。

第十条 规章制度应当具备以下基本内容：

（10）依据和宗旨。

（11）适用范围。

（12）管理处室职责。

（13）管理事项。

（14）管理方式及程序。

（15）违规处理。

（16）颁布生效时间。

第十一条 规章制度的格式应当符合以下基本要求：

（17）名称符合规章制度的适用范围。

（18）内容按照总则、分则、附则的先后逻辑排列顺序。

（19）涉及管理事项范围广、内容多的可以分章、节、条、款、项、目；涉及管理事项范围窄、内容少的应直接分条、款、项、目。章、节、条的序号用中文数字依次表达，款不编号，项的序号用中文数字加括号依次表述，目的序号用阿拉伯数字依次表达。

（20）分条描述科学合理、逻辑关系清晰，属于一个条文内的事项应采用款、项、目的体例。

（21）结构严谨、表述准确、文字简明、标点符号正确。对容易引起歧义的名词须做出明确解释，不得使用没有定义的简称。

（22）规章制度的名称统一使用"遂宁市职业技术学校××××管理

办法（细则等）"。

第十二条　后期需要完善的规章制度，可以加"试行"或"暂行"；"试行""暂行"期限为一年。

第十三条　起草处室提交立项申请表与制度草稿，送业务分管领导同意后，转送办公室备案。

第四章　规章制度征求意见

第十四条　起草处室将规章制度初稿和"遂宁市职业技术学校规章制度征询意见表"送各处室征求意见，达成一致意见。

第十五条　起草处室根据协商一致意见，对规章制度进行修改，形成规章制度送审稿。

第五章　规章制度审查及审核

第十六条　起草处室及时把规章制度送审稿送规章制度管理办公室审查。

送审内容包括：

（23）规章制度送审稿。

（24）各处室签署的规章制度征询意见表。

第十七条　规章制度管理办公室在收到申报文件后，组织进行审核，内容包括：

（25）是否符合国家的方针、政策，有关的法律、法规。

（26）是否符合上级管理规定。

（27）是否符合规章制度制定的程序和格式。

（28）是否明确划分管理职责。

（29）是否符合财务管理要求。

（30）其他需要审查的内容。

第六章　规章制度审批

第十八条　修改完善的规章制度送审稿及相关材料经制度管理办公室签署意见后，交委员会审批。

第十九条　对于涉及全体员工利益的重要规章制度，由教代会审议；对于涉及全校师生管理的规章制度和涉及党政、人事、安全、财务等方面的重大专项规章制度，由委员会集中审议；其他一般性处室规章制度，由校长授权分管领导组织审议。

第七章 规章制度颁布及实施

第二十条 经审议通过的规章制度按我校发文程序，由我校领导签发。

第二十一条 规章制度以我校文件形式颁布，列明颁布规章制度名称、颁布日期、实施日期、有关旧规章制度的废止等事项，规章制度管理办公室根据需要分年度编制《遂宁市职业技术学校规章制度汇编》。

第八章 规章制度的解释和备案

第二十二条 规章制度的解释权属于规章制度的起草专业处室。

第二十三条 各处室下发制度，抄送规章制度管理办公室备案。

第九章 规章制度的监督执行、评估

第二十四条 各项规章制度的责任处室要定期或不定期地对规章制度执行情况进行监督检查或抽查，并结合审计监察对制度的合理性、有效性、可操作性做出评估事项，对规章制度进行修改和废止。

第二十五条 我校制度管理委员会定期对规章制度执行情况、监督检查情况以及相应的评估分析进行讨论，对我校各处室规章制度的执行情况进行总体评价。

第十章 规章制度的修订、补充及废止

第二十六条 规章制度的修订、补充和废止由制定规章制度的处室提出申请，按照规章制度制定的程序进行，经委员会批准后，由原起草处室行文以我校文件形式发布通知，并由规章制度管理办公室备案。

第二十七条 规章制度的制定处室应根据国家及上级主管部门有关政策的调整、我校管理的变化、体制改革的进展，以及规章制度在执行过程中发现的问题、基层单位反映的意见等适时对规章制度进行修订、补充或废止，提高制度的时效性。

第十一章 附 则

第二十八条 本办法由我校办公室负责解释。

第二十九条 本办法自发布之日起执行。

附件：

1. 遂宁市职业技术学校规章制度起草申请表
2. 遂宁市职业技术学校规章制度征询意见表

3. 遂宁市职业技术学校文件审批表

4. 遂宁市职业技术学校制度出台流程图

遂宁市职业技术学校
2020年2月18日

附件1：

遂宁市职业技术学校规章制度起草申请表

编号：

规章制度名称		承办处室	
主要内容			

规章制度名称		承办处室	
论证结果			
规章制度类别		是否有上级制度要求	□是 □否
联系人		计划完成时间	
业务处室负责人			
业务分管领导			
规章制度管理办公室意见			

年　月　日

附件2：

遂宁市职业技术学校规章制度征询意见表

日期： 年 月 日

规章制度名称			
起草处室		起草时间	
联系人		联系电话	
涉及处室			
意见反馈截止时间			
处室意见	处室（负责人签字）： 日期：		

备注：处室意见在意见反馈截止时间前未反馈回起草处室的视为无意见。

附件3：

遂宁市职业技术学校文件审批表

文件名称			
文号	遂职（　　）发〔　　　〕　　号		
起草处室		起草日期	
起草人		发文日期	
文件类别	□综合性制度　□安全管理 □党务、工会、群团 □德育管理　□后勤管理 □教学教研　□其他	文件层面	□学校　□专业 □课程　□教师 □学生
审批	全校重要	教代会审议情况：	
^	重大专项	校级领导意见：	
^	一般处室	分管领导意见：	
抄送部门			

附件4：

遂宁市职业技术学校制度出台流程图

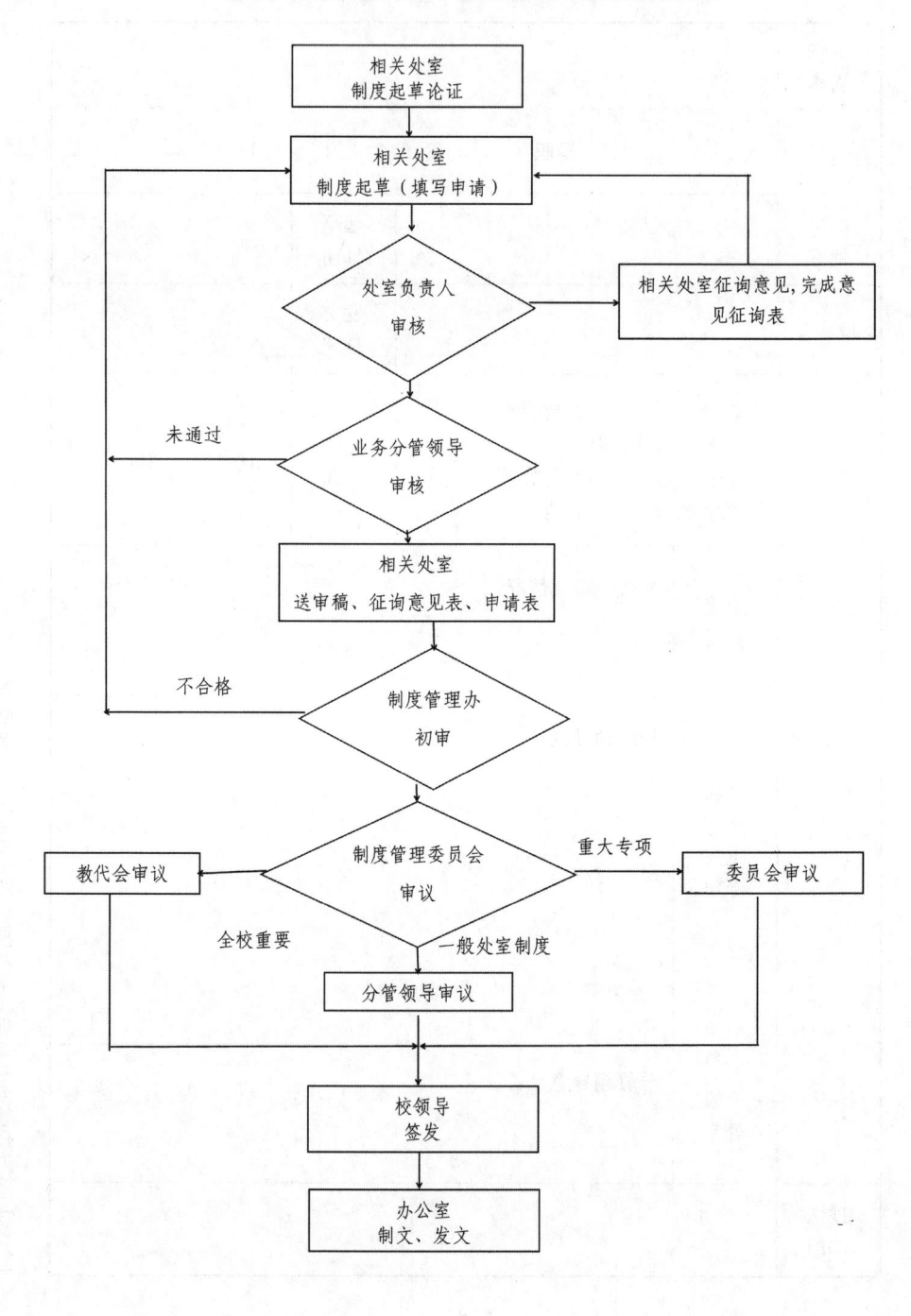

```
          ┌──────────────┐
          │   相关处室    │
          │  制度起草论证  │
          └──────┬───────┘
                 ↓
          ┌──────────────┐      ┌──────────────────┐
       →  │   相关处室    │  →   │ 相关处室征询意见, │
          │制度起草(填写申请)│      │  完成意见征询表   │
          └──────┬───────┘      └──────────────────┘
                 ↓
             ╱╲
            ╱  ╲
   ←──── ╱处室负责人╲
   未通过 ╲  审核  ╱
            ╲  ╱
             ╲╱
              ↓
             ╱╲
            ╱  ╲
   ←──── ╱业务分管领导╲
   未通过 ╲  审核   ╱
            ╲  ╱
             ╲╱
              ↓
          ┌──────────────────────┐
          │       相关处室        │
          │送审稿、征询意见表、申请表│
          └──────┬───────────────┘
                 ↓
             ╱╲
            ╱  ╲
   ←──── ╱制度管理办╲
   不合格 ╲  初审   ╱
            ╲  ╱
             ╲╱
              ↓
   ┌────────┐  ╱╲   重大专项  ┌────────┐
   │教代会审议│←╱制度管理╲──────→│委员会审议│
   └────┬───┘ ╲委员会审议╱        └────┬───┘
        │      ╲   ╱                  │
    全校重要    ╲ ╱  一般处室制度       │
        │       ↓                    │
        │  ┌──────────┐               │
        │  │分管领导审议│               │
        │  └────┬─────┘               │
        │       │                    │
        ↓       ↓                    ↓
          ┌──────────┐
          │  校领导   │
          │   签发    │
          └─────┬────┘
                ↓
          ┌──────────┐
          │  办公室   │
          │ 制文、发文 │
          └──────────┘
```

附录2 《关于学生学业评价模式改革的实施方案》（修订稿）

一、正式文件

遂宁市职业技术学校文件

遂职行〔2020〕40号

遂宁市职业技术学校
关于学生学业评价模式改革的实施方案
（修订稿）

为深入贯彻《教育部人力资源社会保障部财政部关于实施国家中等职业教育改革发展示范学校建设计划的意见》精神，建立以能力为核心的学生评价模式，构建学校、行业、企业、研究机构和其他社会组织等多方共同参与的评价机制，结合省级示范校建设任务要求，制定我校"三元四维二结合"的学生学业评价模式。

一、主要任务

"三元四维二结合"的学生学业评价模式主要包含：

三元：学生自评及小组互评、教师评价、企业评价

二、起草申请表

附件1

遂宁市职业技术学校规章制度起草申请表

编号：20181115

规章制度名称	遂宁市职业技术学校关于教职工贺礼及慰问金发放办法	承办处室	学校工会
主要内容	随着学校事业的持续发展和教育教学改革的不断深化，秉持"以教职工为中心，以和谐发展为本"的理念，把关心教职工、为教职工谋福祉作为践行以人民为中心，构建和谐校园的一件大事。依据遂宁市总工会《遂宁市基层工会经费收支管理实施办法》（遂工发【2018】8号），特申请制定本办法。 　　本办法主要内容有： 　　1. 教职工初婚或符合政策生育，向本人发放价值500元慰问品，若夫妻同属我校教职工，夫妻同等享受该项待遇（新增）。 　　2. 教职工退休，发放价值500元纪念品或慰问品（原遂中职行【2008】17号规定发慰问费500元）。 　　3. 离退休教职工百岁大寿，学校派领导专程前往祝贺，并送贺礼1200元（原送贺礼1000元）。 　　4. 教职工生病住院，学校进行慰问（一年内一种病慰问不超过两次），不动手术的给予500元慰问金或同等价值的慰问品，动手术的给予1000元的慰问金或同等价值的慰问品（原慰问金300元）。 　　5. 教职工去世时，给予亲属2000元的慰问金，教职工直系亲属（限于配偶、父母、子女）去世时，给予1000元的慰问金（原教职工去世，慰问金500元，行政、工会送花圈；教职工直系亲属去世，慰问金300元）。		

主要内容	6. 教职工本人及其直系亲属（限于配偶、父母、子女）因重特大疾病（如癌症）及教职工本人家庭发生天灾人祸等情况致困的，应根据情况给予慰问，慰问标准和方式由学校党政开会集体研究决定（新增）。 7. 以上经费由学校行政划拨专款，工会负责办理。 8. 本规定拟自2019年1月1日起执行，原遂中职行[2008]17号文件同时废止。
论证结果	1. 适用范围：全体教职工慰问。 2. 适用对象：全校在职及离退休教职工。 3. 需要解决的主要问题和解决方案：原遂中职行[2008]17号文件已运行十年，相关规定已不符合现在的实际情况，有的条款已违背现行规定，修订工作势在必行。 4. 管理职责划分：本办法拟工会办理，由学校行政划拨专款。
规章制度类别	学校综合管理类	是否有上级制度要求	是
联系人	冯庆林	计划完成时间	2018年12月
业务处室负责人			
业务分管领导			
规章制度管理办公室意见			

2018年 11 月 10 日

三、征询意见表

附件2

遂宁市职业技术学校规章制度征询意见表

日期：2018 年 11 月 25 日

规章制度名称	遂宁市职业技术学校关于教职工贺礼及慰问金发放办法		
起草处室	学校工会	起草时间	2018.11.15
联系人	冯庆林	联系电话	13568728362
涉及处室	全校各处科室及专业部		
意见反馈截止时间：	2018 年 12 月 15 日		
处室意见	无意见。 处室（负责人签字）： 日期：2018.11.14		

备注：处室意见在意见反馈截止时间前未反馈回起草处室的视为无意见。

四、文件审批表

附件3：

遂宁市职业技术学校文件审批表

文件名称	遂宁市职业技术学校关于学生学业评价模式改革的实施方案（修订稿）		
文号	遂职（ 行 ）发〔2020〕40 号		
起草处室	教务处	起草日期	2020.4.22
起草人	杨琴	发文日期	2020.5.14
文件类别	☐综合性制度 ☐安全管理 ☐党务、工会、群团 ☐德育管理 ☐后勤管理 ☑教学教研 ☐其它	文件层面	☐学校 ☑专业 ☑课程 ☐教师 ☑学生
审批	☐全校重要	教代会审议情况：	
	☑重大专项	校级领导意见：	
	☐一般处室	分管领导意见： （签字）	
抄送部门			

附录3 《遂宁市职业技术学校学校健康教育制度》

一、正式文件

遂宁市职业技术学校文件

遂职行〔2020〕19号

遂宁市职业技术学校
学校健康教育制度

各科处室、专业部：

一、学校健康教育

1. 学校要把健康教育纳入学校工作当中，做到有计划、有检查、有总结、确保班班开课、人人有书，做到有课时、有课本、有教案、有考核、有评价。

2. 广泛宣传个人卫生、环境卫生、心理卫生、青春期卫生等有关常识。

3. 结合季节特点进行健康知识宣传，学校、班级设卫生宣传栏（角），定期刊登有关卫生的知识。

二、起草申请表

附件1

遂宁市职业技术学校规章制度起草申请表

编号：

规章制度名称	遂宁市职业技术学校健康教育制度	承办处室
		政教处
主要内容	为做好学校健康教育工作，根据《健康知识宣传》、常见病的预防和治疗的要求，我校对学校要把健康教育纳入学校工作当中，做到有计划、有检查、有总结、确保班班开课、人人有书，做到有课时、有课本、有教案、有考核、有评价制度。	

论证结果	根据《健康知识》的要求制定本校学生健康管理制度。进行了论证，经充分评议，实行学校健康教育制度。			
规章制度类别		是否有上级制度要求	□是	☑否
联系人	宋贵源	计划完成时间	2020.2.27	
业务处室负责人	宋贵源			
业务分管领导				
规章制度管理办公室意见				

年　月　日

三、征询意见表

附件 2

遂宁市职业技术学校规章制度征询意见表

日期：2020 年 2 月 25 日

规章制度名称	遂宁市职业技术学学校健康教育制度		
起草处室	政教处	起草时间	2020.1.20
联系人	宋贵源	联系电话	13982566265
涉及处室	全校各处科室及专业部		
意见反馈截止时间：	2020 年 2 月 28 日		
处室意见	无意见　杨琴 无意见　唐祥 无意见　杨明亮 处室（负责人签字）：宋贵源 日期：2.28		

四、文件审批表

附件3：

遂宁市职业技术学校文件审批表

文件名称	遂宁市职业技术学学校健康教育制度		
文号	遂职（ 行 ）发〔2020〕19 号		
起草处室	政教处	起草日期	2020.1.27
起草人	宋贵源	发文日期	2020.2.18
文件类别	☑综合性制度 □安全管理 □党务、工会、群团 □德育管理 □后勤管理 □教学教研 □其它	文件层面	☑学校 □专业 □课程 □教师 □学生
审批	□全校重要	教代会审议情况：	
	■重大专项	校级领导意见：	
	□一般处室	分管领导意见： （签名）	
抄送部门			

附录4 《遂宁市职业技术学校职级班主任管理制度》

遂宁市职业技术学校文件

遂职行发〔2019〕41号

遂宁市职业技术学校
职级班主任管理制度

为更好推进学校德育管理，全面提升教育质量，切实加强学校班主任队伍专业化建设，鼓励广大教师积极从事班主任工作，激发班主任教书育人的积极性，学校决定实行班主任职级管理。结合学校实际情况，特制定本管理制度。

第一条 评定范围和对象

学校所有在职在编以及聘用教师。

第二条 评定等级及总体要求

班主任等级分为见习班主任、初级班主任、中级班主任、高级班主任、特级班主任五个等级。总体要求为：

1. 具有高尚的师德修养。坚持党的基本路线，热爱教育事业，热爱学生。具有崇高的职业道德和奉献精神，教书育人，为人师表，思想作风好。在班主任同行中有较高的威望。

2. 模范履行班主任职责。热爱教师职业，热爱班主任工作，模范地遵守教育法律法规和学校制定的规章制度，关心爱护学生，尊重学生人格，培养学生良好品德，塑造学生健全人格。

3. 具有精湛的班级管理艺术。所任职的班级管理制度科学健全，管理高效有力，培育了和谐向上的班级文化，所带班级班风优良，团结协作，积极向上，在校内外各项活动中取得优异成绩。注重工作创新，讲究工作艺术，形成了自身独特的班主任工作风格。

4. 具有较高的班级管理水平。所任职的班级管理机制较全，管理规范，运行有效，所带班级学生学风好、成绩好，学生和家长的满意度高。

第三条 参评任职年限及获奖要求

1. 见习班主任 1 年以上可以申报初级班主任，在该年度五项评查考核中有四次月考核排名在专业部最后一名者，不予以评定初级班主任。

2. 初级班主任连续任现职 3 年以上，任现职内至少获得两次校级以上优秀班主任荣誉方可申报中级班主任。

3. 中级班主任连续任现职 3 年以上，任现职内至少获得四次校级以上优秀班主任荣誉方可申报高级班主任。

4. 高级班主任连续任现职 4 年以上，任现职内至少获得五次校级以上优秀班主任荣誉方可申报特级班主任。

第四条 推荐评定程序及办法

1. 班主任职级评定工作应有计划地进行，每年评定一次。

2. 评定产生的特级班主任为当年高级在职班主任总人数的 5%，评定产生的高级班主任为当年中级在职班主任总人数的 10%，评定产生的中级班主任为当年初级在职班主任总人数的 15%。

3. 班主任职级评定要充分发扬民主，由个人申报，专业部初评，政教处审核后报学校班主任职级领导小组。学校班主任职级领导小组进行评审、公示、认定。具体按以下程序进行：

（1）个人申报。由申报人按规定填写申报表，并提交本人工作述职报告和履行职责情况及有关证明。述职报告按考评要求及班主任六大专业能力进行写实性汇报，字数 1000～2000 字，并对自己硬性评分和六大专业能力进行自评。

（2）专业部初评。专业部对照参评条件，充分酝酿，广泛听取意见，研究提出各级班主任建议候选人名单，上报政教处审核。

（3）学校班主任职级领导小组组织对参评人员的硬性评分和六大专业能力进行评议并确认，并在校内公示一周，无异议确定。

（4）除首次评定外，班主任职级需逐级评定，不得越级申报、晋升，班主任职级制实行评聘分开。

第五条 班主任职级待遇

1. 中级班主任职务津贴为本人班主任工作月基础津贴的 10%；高级班主任职务津贴为本人班主任工作月津贴的 20%；特级班主任职务津贴为本人班主任工作月津贴的 30%；年龄在 50 以上，因特殊原因没有继续聘为班主任的特级班主任每月享受全校班主任津贴平均数的30%直至退休。

2. 在上一学期被评为校优秀的中级及以上班主任，在原职务津贴基础上，再增加本人班主任工作月基础津贴的12%。

3. 被聘班主任享受相关待遇及职责：

（1）学校所有评优晋级班主任在同等条件下享受优先。

（2）外出学习、培训，根据职级等级高低优先参加学习培训。

（3）高、特级班主任有培养、指导中级以下班主任的责任和义务。

（4）高、特级班主任积极配合德育管理科室进行德育工作研究，除积极参与德育工作督查外，必须履行以下义务（可任选一项）：a. 每年撰写德育管理相关论文1—2篇；b. 每年撰写德育或班主任管理心得体会2—4篇；c. 每年进行一次班主任经验交流。

如果论文或心得体会被查出与网上资源雷同或直接粘贴复制的，任务按未完成处理，并一次性扣减班主任津贴300元。

（5）特级班主任每年举办一次班主任工作讲座，听众满意率在50%以上。

（6）学校对被聘班主任颁发职级证书。

第六条 其他要求

1. 学校成立班主任职级评定领导小组，由学校领导和相关科室负责人、专业部管理人员及高级班主任组成；评定具体工作由政教处牵头负责。

2. 班主任职级管理坚持评聘分开原则，班主任职级在学校范围内任教期间均有效，未被学校聘任班主任工作期间不享受相关职级待遇。

3. 切实加强组织领导，认真做好评定推荐的组织实施工作。在评定工作中，要严格坚持标准，按照评定程序操作，做到"公开、公平、公正"，确保评定质量。

4. 在申报工作中，对提供假证明、假材料的，一经发现，即取消当次及下次评定推荐资格，并追究本人及相关责任人的责任。

5. 在任职期间，由于工作疏忽、不到位引发重大安全或责任事故，或无故不服从学校班主任工作安排的，可予以解聘、降级、缓评或不予评审。

6. 已取得初级及以上职级，又被聘为班主任的，在本专业部五项评查学期综合考核中，排名居倒数30%的，如果在职级班主任评定领导小组

（政教处、保卫科、9＋3办公室、团委、专业部主任、德育干事）降级评定投票中得票未超过50%，班主任职级可保持原待遇，否则降一级匹配。如连续2次本专业部学期综合考核排名居倒数30%，且未满足上述附加条件的，班主任职级将降级处理。如连续3次本专业部学期综合考核排名居倒数30%，且未满足上述附加条件的，班主任职级将直接降为见习班主任。折算班级数不足一个的专业部（如电子专业部），按一个班级执行。

7. 已取得中、高级及以上职级的班主任老师，连续两年未被聘为班主任，将自动解除相应职级。

8. 本制度评定申报起评时间从2008年9月开始。

9. 本制度于2019年4月进行修订。

10. 本制度最终解释权归学校职级班主任评定领导小组。

遂宁市职业技术学校
2019年6月6日

附录5 《遂宁市职业技术学校关于班主任职级评定结果的通报》

各科处室、专业部：

为更好推进学校德育管理，全面提升教育质量，切实加强学校班主任队伍专业化建设，鼓励广大教师积极从事班主任工作，激发班主任教书育人的积极性，学校决定实行班主任职级管理。

按《遂宁市职业技术学校职级班主任管理制度》，班主任职级由个人申报、专业部初评、政教处审核后报学校班主任职级领导小组。学校班主任职级领导小组进行评审、公示、认定。对杨筱梅等同志职级班主任任命如下：

高级班主任：（人名略）

中级班主任：（人名略）

遂宁市职业技术学校
2016年4月21日

附录6 《遂宁市职业技术学校关于2019年班主任职级评定结果的公示》

各科处室、专业部：

  按照《遂宁市职业技术学校职级班主任管理制度》文件要求，学校于5月启动2019年职级班主任评定工作。经个人申报、专业部初评、政教处审核后，报学校班主任职级评定领导小组，并于6月6日召开班主任职级评定工作会。经学校班主任职级评定领导小组充分讨论，认真评审，初步通过了唐虹等25名教师班主任的职级申报。现将评定结果进行公示，教职员工如有异议，请在5日内向学校政教处反映情况。电话：0825－2632750。

  中级班主任（5名）：（人名略）
  初级班主任（20名）：（人名略）

遂宁市职业技术学校
2019年6月6日